くわしすぎる教育勅語

高橋陽一

太郎次郎社エディタス

まえがき

本書は、教育勅語をくわしく読みとおしたい読者に向けて書かれています。教育勅語は、中学生の社会科資料集や、高校生の日本史資料集にも載っていますし、大学生が学校の先生になるための教科書にも載っています。しかし、簡単なまちがいも目につきます。二段落しかない教育勅語を、「爾臣民」の直前で勝手に改行して、三段落に印刷しているものです。最近刊行された図書でも、本文は三段落だと説明しているものもあります。実はこれは、昔からあったまちがいで、「形式段落」と「意味段落」を混乱したための誤りです。

現在も販売されている教育勅語についての書籍の多くは、教育勅語の本文から離れて、教育についての筆者の考えが展開されることに力点があるようです。教育勅語の現代語訳も、賛成の立場から戦後に通用しない部分を削除したり、反対の立場から尊大な文章に加工するものがあります。私も、教育勅語は現在の日本国憲法に合致しないという意見を持っていますが、必要なことは教育勅語そのものを理解するところからスタートすることでしょう。

そこで本書は、教育勅語本文の一字一句にこだわって解説をします。そして多くの研究で解明された教育勅語の歴史を説明します。社会科や国語を学んでいる中学生のみなさんも読みとれる文章にしました。古典や日本史を学びはじめた高校生ならば読みこなせる内容にしました。社会科や日本史で関心を持ったり、総合的な学習の時間で調べるときに活用してください。もちろん内容は、学校の先生方や大学生・一般社会人の関心に応えられるようにしています。

本書は三部で構成しています。読む目的によって、どの部から読みはじめてもよいでしょう。

第一部「精読」は、文字どおり、教育勅語本文を精読するものです。一般的な古典文法の用語を使っていますので、中学生には難しい箇所もありますが、説明の文章は読んでもらえると思います。本書が『くわしすぎる教育勅語』と題するのは、この第一部の特徴があるからです。

第二部「始末」は、教育勅語の始まりから終わりまでの、いわば始末記です。教育勅語は、現在も研究の盛んな分野です。この動向を前提として、中学校社会科や高等学校日本史などを学びはじめた人にも興味を持ってもらえるように工夫しました。

第三部「考究」は、教育勅語を考究するための資料集です。まず資料集や研究書を使いこなすための参考文献案内を記しました。そのあとに教育勅語の内容を読みこなすために必要な資料に、簡単な説明をつけて掲載しています。

本書を読み解けば、「教育勅語」や「教育ニ関スル勅語」という名称も、後に呼ばれた名前であることがわかるでしょう。教育勅語の全文と教育勅語の歴史的位置づけをみるための年表は、いつでも参照できるよう、はさみ込み付録にしてあります。

それでは、まずは教育勅語を、読んで考えてみましょう。

二〇一八（平成三〇）年一〇月三〇日　教育勅語の一二八年目に　高橋陽一

くわしすぎる教育勅語　もくじ

［カバー図版］

文部省修身教科書『ヨイコドモ』下巻（1941年）に掲載された「サイケイレイ」の絵を図案化したもの。本文159ページ参照。

［表紙図版］

海後宗臣『教育勅語成立史の研究』（1965年）で「井上毅の教育勅語草案（十五）」と呼ばれた元田永孚が修正の朱筆を加えた草稿。同口絵より。現在は国立国会図書館憲政資料室「芳川顕正関係文書」として管理されている。本文117ページ、215ページ参照。

第1部 精読

——一字一句をつまびらかに

はじめに

　これから、教育勅語の本文を読んでみましょう。教育勅語を説明したものでは、教育勅語は三一五文字であるとか、一二の徳目があるとか書いてあるときがあります。どう数えるかで文字数は変わりますし、徳目のカウント数は諸説あって通説はありません。なにが本文そのもので、なにが解釈者の主張かを区別しておかないと、初歩から誤解することもあると思います。

　読む前に、典拠や参考にする資料について、説明しておきます。一八九〇（明治二三）年一〇月三〇日に明治天皇の名をもって教育勅語が出されると自筆署名と捺印のあるものが、帝国大学をはじめとした直轄《ちょっかつ》学校に渡されました。付録に写真を掲載した東京大学の大学文書館所蔵の教育勅語がそれです。東京大学の海後宗臣《かいごときおみ》や旧国立教育研究所の佐藤秀夫という代表的な研究者の書籍にはこのテキストの写真版が掲載されるなど、よく知られたテキストです。本文は漢字とカタカナの「三一五文字」ですが、年月日の一一文字と自筆署名の「睦仁《むつひと》」二文字と朱印の「天皇御璽《てんのうぎょじ》」の四文字を加えると「三三二文字」です。本文はこのテキストに句読点やルビを振ったものを用います。説明で引用するときは、これを東大蔵勅語と略称します。

また政府の新聞である『官報』に、署名捺印を「御名御璽《ぎょめいぎょじ》」という定型句にしたものが公示されました。学校儀式で用いる教育勅語謄本や修身教科書は、この形式で印刷されています。このテキストを官報版勅語と略称します。このもとになった原本は、現在は国立公文書館に保管されている文部大臣芳川顕正《よしかわあきまさ》に渡された、自筆署名と朱印のある文部省旧蔵勅語と考えられます。文部省旧蔵勅語と官報版勅語は本来は文字として計算できない踊り字である反復記号「々」が二文字あります。このほか、日本の植民地であった朝鮮では、一九一一（明治四四）年一〇月に教育勅語の末尾に一文を加筆したものが出されました。これを朝鮮版勅語と呼びます。

ですから、文字数でも、本文に次のような違いがあるのです。

東大蔵勅語　本文三一五文字＋年月日一一文字＋署名二文字＋朱印四文字＝三三二文字

文部省旧蔵勅語　本文三一三文字＋反復記号二文字＋年月日一一文字＋署名二文字＋朱印四文字＝三三二文字

官報版勅語　本文三一三文字＋反復記号二文字＋年月日一一文字＋「御名御璽」四文字＝三三〇文字

朝鮮版勅語　本文三一三文字＋反復記号二文字＋年月日一一文字＋「御名御璽」四文字＋追加本文二六文字＋年月日一二文字＋「御名御璽」四文字＝三七二文字

また、教育勅語の外国語翻訳は公式・非公式のさまざまなテキストがあります。このうち一九〇九（明治四二）年の文部省『漢英仏独教育勅語訳纂《やくさん》』に収録された翻訳がその後も公式の翻訳として使われました。これを漢訳勅語、英語訳勅語、仏語訳勅語、独語訳勅語として必要な箇所を参考にします。

多くの子どもたちに教育勅語が影響をあたえたのが、学校儀式と修身科の教科書です。尋常《じんじょう》小学校の修身科では、国定教科書の冒頭に教育勅語の全文を第二期（一九一〇（明治四三）年度使用開始）から掲載しましたが、ふりがな付きではじめて掲載したのは、この第三期の二年目から使用が開始された国定修身の尋常科四年の児童用書です。本書では、この漢字のふりがなをもとに、古典文法による旧かなづかいの読みを左に「カタカナ」で、現代の表記方法で現代かなづかいの読みを右に「ひらがな」で示します。

昭和期に教育勅語解釈の確定のために「聖訓ノ述義《じゆつぎ》ニ関スル協議会」が置かれて、一九四〇（昭和一五）年に『聖訓ノ述義ニ関スル協議会報告』が文部省から「秘」扱いで刊行されます。これは昭和戦中期の公式の解釈として、第五期国定教科書に影響を与えました。聖訓報告と略称します。この報告の主要部分は、第3部に掲載しています。

また、一八八九（明治二二）年二月一一日に公布された大日本帝国憲法が教育勅語と一体の性格を持っていることは知られています。帝国憲法と略称します。この帝国憲法の公布とともに発表された祝詞に似せた和文風の「告文《こくぶん》」（こうぶん・こうもんとも読む）を憲法告文、「憲法発布勅語」を憲法勅語、帝国憲法の前に付された大臣副書のある文書を憲法公布文と呼んで比較します。

漢字の解釈では、平安時代の日本人が「説文《ぜいもん》」と呼んで親しんでいた後漢の許慎《きょしん》による『説文解字《せつもんかいじ》』を、説文解字として参照します。

本文は東大蔵勅語をもとに常用漢字の字体に直して本文を示して、句読点を加えました。それでは、本文を読みましょう。古典文法になれていない人は、右側のひらがなで発音をしてください。一文ごとに区切って現代訳を掲げます。次いであるていどの言葉のまとまりごとに、現代語訳と文法を示します。

なお、語句の説明の区切りは、はじめは語や小さな区切りで【 】に示しましたが、重ねて出る語句も多いので後半では大きな区切りで【 】に示しています。

第一文 「朕」と「我」はどう違う？

朕《ちん》《チン》惟《おも》《オモ》フニ《うに》、我《わ》《ワ》カ《が》皇《こう》《クワウ》祖《そ》《ソ》皇《こう》《クワウ》宗《そう》《ソウ》、国《くに》《クニ》ヲ《を》肇《はじ》《ハジ》ムル《むる》コト《こと》宏《こう》《クワウ》遠《えん》《エン》ニ《に》、徳《とく》《トク》ヲ《を》樹《た》《タ》ツル《つる》コト《こと》深《しん》《シン》厚《こう》《コウ》ナリ《なり》。

現代語訳　天皇である私が思うのは、私の祖先である神々や歴代天皇が、この国を始めたのは広く遠いことであり、道徳を樹立したのは深く厚いことである。

教育勅語の最初の一文です。ここでは一文として区切りましたが、聖訓報告はここでは切らないという説です。天皇の祖先である神々や歴代天皇による日本の建国と道徳の樹立を述べます。

【朕《ちん》《チン》】

現代語訳 （天皇である）私が

文法 「朕」は代名詞（一人称、文法用語では自称）で、「惟フ」の主語です。明治期の日本では天皇のみが一人称として使います。

朕は、説文解字で「我なり」と定義するように、戦国時代以前の中国古典では一人称として使われます。司馬遷《しばせん》の『史記《しき》』の「秦始皇紀《しんしこうき》」に「天子自ら称して朕といふ」とあるように、秦の始皇帝が国王の一人称として確定して特別な一人称となりました。日本でも古代からこの用法を受け継いで、朕（ちん、われ）や皇朕《すめらわれ》（天皇である我）という言葉が天皇の一人称として使われました。明治期でもこの伝統から「朕」というわけです。聖訓報告は「天皇の御自称である。」と語句釈義を定めました。

「朕は国家なり」というフランス国王ルイ十四世の言葉は有名ですが、ヨーロッパの君主の一人称も「朕」と日本語に訳するとフランスの絶対主義王政がイメージできるのでしょう。この出典の「朕」はmoi《モワ》（私は）という一人称単数ですが、ヨーロッパでは君主が一人称複数「私たち」「我々」を一人称としての自称に用いる伝統的な用例があります。英語では国王一人でもLoyal Weとよぶ複数形の一人称です。これが公式の用法ですから、英語訳勅語では、大文字で始まる一人称のOur（私たちの）が十二回も出てきますが、これはLoyal We（王室のWe）とよばれる用法で、「朕の」という所有格です。おなじように仏語訳勅語では本来は複数形の大文字で始まるNos（朕の）が出てきます。独語訳勅語でも本来は複数形である大文字で始まるWir《ビア》（朕は）、Unser《ウンザー》（朕の）が出てきます。

ここでは「天皇である私が」と現代語訳しましたが、「私」には謙譲の印象がありますので、古風ですが「天皇である我が」のほうがイメージに合うかもしれません。あるいは「朕」の自分を高める自称敬語としての意味からは「天皇である俺様が」となりますが、これはくだけすぎていますね。

朕は戦前戦中の日本人には、天皇の一人称として聞きなれた言葉でした。憲法告文では、「皇朕レ」という日本の古代風の一人称で始まります。憲法勅語や憲法公布文も「朕」を一人称に使っています。玉音《ぎょくおん》放送で有名な一九四五（昭和二〇）年八月一五日の終戦の詔書や、「天皇の人間宣言」と呼ばれている翌年一月一日の詔書や、日本国憲法を公布した同年一一月三日の詔書でも「朕」が使われています。現在の法律公布の国事行為では「朕」という主語は用いず、天皇の「おことば」では「私」が用いられています。

【惟《おもう》フニ、】

オモ

現代語訳 思うのは、

文法 「惟フ」は動詞（他動詞ハ行四段活用）の連体形。「ニ」は接続助詞で直前の動詞の連体形を受けます。「～することにつけても」の意味です。

「おもう」は、思う、想うという漢字を用いることが現代語では一般的です。「惟」は、説文解字で「凡思《はんし》なり」と定義するように、広く一般的に思うというニュアンスとなります。これから述べる全体を広く思うということで、他動詞として思う目的語は、これから述べる教育勅語全体となります。

この「朕惟フニ」という言葉は、教育勅語全体にかかってくる発話の定型句とみてよいでしょう。聖訓報告も決定事項として「「朕惟フニ」は荘重《そうちよう》なる発句と解し奉《たてまつ》る。随《したが》つて、特別にどこまでかゝるといふやうに考へることは不適当である」と示しました。「どこまで係るか」という試験問題を学校では作るなという話ですが、発句ならば以下全体に係るということで言い切ってよいと思えますが、これは教育勅語の段落などの切り方に関係しているためにアバウトにしているのです。

「朕惟フニ」という言葉は多くの勅語で使われています。教育の分野では、一八七一（明治四）年一〇月二二日の華族教育についての勅諭や一八七八（明治一一）年一月二四日の駒場農学校（今日の東京大学農学部）開校式の勅語でも「朕惟フニ」が使われました。似た言葉では「朕惟《おもんみ》ルニ」があります。

【我《わ》カ《が》】
ワ

現代語訳 私の（祖先である神々や歴代天皇）

文法 「我カ」は、「私の」の意味の連体詞（もとは「我」が代名詞、「ガ」が格助詞）で、次の「皇祖皇宗」を修飾します。

この「我カ」は、「朕カ」と書いてもよいはずです。類似する言葉を置き換えて語調を整えるためには、重々しく朕をくりかえすよりも、「我カ」と軽く添えたほうがすっきりしますね。現代でも「我が国」、「我が学校」という言葉を使いますが、「私の持っている」という所有ではなく、自分との関係や愛着などを意味します。日本語では単数と複数は厳密には区別しませんので、「私たちの」という意味をも含みます。

続く「皇祖皇宗」は明治天皇の祖先ですから、本当に「我カ」と言えるのは明治天皇や皇族だと思えますが、古代から皇族以外にも自分の祖先は天皇だったと考える人たちがいました。源頼朝は名前のとおり「源氏」という天皇の分家から臣下になった「皇別」の一族ですし、足利尊氏も、徳川家康も源氏の末裔《まつえい》だと主張していました。さらに藤原氏のように天皇家と婚姻関係の深い外戚《がいせき》もいます。何世代も、何十世代も前のことはわからないのが普通ですから、日本人は昔から天皇家と親しくつながっているのだという考えも可能になります。明治期には家族主義国家観とよばれる思想が広がり、日本人は天皇を家長とする家族なのだという考えが広がります。

ここの「我カ」は「朕」よりも軽くして語調を整えるていどの意味しかないと思いますが、「私たちの親しんでいる」「私たちみんなが関係している」という意味を読み込むことも可能でしょう。

【皇《こう》《クワウ》祖《そ》《ソ》皇《こう》《クワウ》宗《そう》《ソウ》、】

現代語訳 （私の）祖先である神々や歴代天皇が、

文法 「皇祖皇宗」は名詞です。「皇祖」と「皇宗」の二つに、さらに「皇」の「祖」と「皇」の「宗」に分解できます。

説文解字で「皇」は「大なり」とあり、大いなる王を意味します。「祖」は「始廟《しびょう》なり」とあって、最初の祖先を祀《まつ》る場所を意味します。「宗」は、「尊祖の廟なり」とあって、尊い祖先をまつる場所を意味します。つまり天皇の祖先となるわけです。聖訓報告は「天皇の御先祖の方々。」と語句釈義を定めました。

「皇」を天皇家を指す言葉にしたのは日本の事情ですが、「祖」や「宗」はそれぞれの祖先の信仰を重んじて、祖先を廟にまつった中国の儒教の考えを継承した言葉です。「祖宗」という表現は、憲法勅語や憲法公布文にも多数登場します。一方で憲法告文では、「皇祖皇宗ノ神霊」「皇祖皇宗ノ遺訓」「皇祖皇宗ノ後裔《こうえい》」と教育勅語に類似する表現があり、さらに「皇祖皇宗及《および》我カ皇考《こうこう》ノ威霊《いれい》」や「皇祖皇宗及皇考ノ神祐《しんゆう》」として「皇考」が加わります。「皇考」とは亡くなった父親を意味する「考」に「皇」を加えたものですから、明治天皇にとっては父親の孝明《こうめい》天皇です。「我カ皇祖皇宗」は英語訳勅語ではOur Imperial Ancestors、おなじように仏語訳勅語ではNos《ノ》 Impériaux《ザンペリオ》 Ancêtres《ザンセートル》、独語訳勅語でもUnsere《ウンゼレ》 Kaiserlichen《カイザーリッヘン》 Vorfahren《フォルファーレン》として大文字や複数形で書かれて「朕の帝室の祖先たち」となります。

ここで「祖先である神々や歴代天皇」と訳したのは、単純にだれにでも存在する「祖先」では教育勅語の趣旨が読みとれないからです。儒教的にも「祖宗」は生物学的な血統上の祖先ではなく、廟にまつるべき宗教的な祖先という意義があります。帝国憲法は第一条「大日本帝国ハ万世一系《ばんせいいっけい》ノ天皇之ヲ統治ス」で始まります。この「万世一系」は、天皇の祖先は神世の昔から一つの系統でつながっていることが前提になります。解釈でもそのことは自明のこととされ、井上哲次郎の『勅語衍義《えんぎ》』も、「天祖《てんそ》天照大御神《あまてらすおおみかみ》」が

「瓊瓊杵命《ににぎのみこと》」を天下りさせた以降の、「神武天皇」から明治天皇までの継承を「皇統連綿《こうとうれんめん》」という表現で説明しました。

昭和期の聖訓報告も決定事項として「「皇祖皇宗」は一語として取扱ひ、天照大神を始め皇室の御先祖の方々を指し奉るものと拝察する。」と解釈を示しました。ここで「一語として」と四字熟語であることを強調しているのは、意味があります。「皇祖」とはどの神様を指すか、「皇宗」はどの天皇を入れ、だれは入れないかという解釈は、たいへんな議論になるので、天照大神と歴代天皇が含まれるというあたりにとどめて、それ以上の詮索はしないほうがいいという話です。『古事記』や『日本書紀』に登場する神様はどうつながるか、南北朝時代の天皇家の並立をどう解釈するかといった問題は、神道家や歴史学者の難問となっていたからです。

【国《くに》《クニ》ヲ《を》肇《はじ》《ハジ》ムル《むる》コト《こと》】

現代語訳 この国を始めたのは

文法 「国」は名詞、「ヲ」は格助詞です。「肇ムル」は動詞「肇ム」（他動詞マ行下二段活用）の連体形で、主語は「皇祖皇宗」で、「国ヲ」を目的語として、続く「コト」に係ります。「コト」は名詞で、続く「宏遠ニ」の主語になります。

字体を常用漢字の「国」としたものは、東大蔵勅語と官報版勅語では、正字（康熙字典などで正しい字体と認められている漢字）である「國」となっています。以降もこのように常用漢字に変換しています。

「国を始めたことは」と現代語に訳せますが、大日本帝国の始まりとなる国という意味で「この国を」と訳しました。教育勅語は漢文訓読調で書かれていますので、古典漢文に戻すことが可能で、動詞と目的語を逆にして書けば漢訳勅語のように「肇国《ちょうこく》」となります。「肇国」や「肇国の精神」は教育勅語を根拠にして昭和戦前戦中期に多用された表現です。

正字の「國」は説文解字で「邦《くに》なり。囗《くにがまえ》に从《したが》ひ、或《わく》に从《したが》ふ」というように、政治的な国家という意味と、地理的な領域の意味があります。説文解字で「肇」は「撃つなり」として、打つ、押し開くを意味します。聖訓報告は「肇」を「創開ノ義」とします。「国ヲ肇ムルコト」の主語は「皇祖皇宗」ですから、天皇の祖先の神々も歴代天皇もみんな国を始めたことになります。『古事記』や『日本書紀』には伊奘諾命《いざなぎのみこと》と伊奘冉命《いざなみのみこと》が子どものように国土を産むという、国産み神話があります。国の始まりという意味では、『出雲《いずも》風土記《ふどき》』に出雲国は「初国《はつくに》小さく作れり」と、今日の島根県東部が小さく始まったという表現があります。『日本書紀』では、神話上の天皇について、初代の神武天皇を始馭天下之天皇《はつくにしらすすめらみこと》、四方に将軍を送って領土を確立したという第十代崇神《すじん》天皇を御肇国天皇《はつくにしらすすめらみこと》と呼びます。漢字表記が違いますが、はじめて国を統治したという「はつくにしらす」の天皇が二人もいることになります。

「肇国」と称号にあるのは崇神天皇ですが、神武天皇を肇国の天皇とするのが、教育勅語の時代には一般的です。神武天皇の即位した日を祝う紀元節は、教育勅語奉読の学校儀式をおこなう日の一つとしても徹底されていきます。神話上の即位の日までわかるのか疑問ですが、一八七二（明治五）年には一月二九日と定められ、翌年には二月一一日に変更されました。戦後に二月一一日の紀元節は廃止されますが、一九六七年には「建国記念の日」として復活しました。現在もこの二月一一日の神武天皇即位を祝っていることになります。

【宏遠《こうえん》《クワウエン》ニ《に》、】

現代語訳　広く遠いことであり、

文法　主語は「国ヲ肇ムルコト」で、「宏遠」は名詞で、「ニ」は助動詞「ナリ」の連用形です。または「宏遠ナリ」全体を形容動詞として、その連用形とも言えます。

「宏遠」とは、「皇祖皇宗」の「国ヲ肇ムルコト」が偉大なことだったのだという述語です。説文解字で「宏」は「屋深《いえふか》きなり」とあり、「遠」は「遼《はる》かなり」とあります。類似した漢字を重ねた漢字の熟語を、助動詞「なり」によって形容動詞にしたわけです。現代語では「高遠」や「広遠」も類似しますが、ここではそのままで通じると考えて「広く遠いことであり」と翻訳しました。聖訓報告は「宏は広大、遠は遠大である」と語句釈義を示して、全文通釈では「広遠であり」と一文字だけ置き換えています。

一言で言うと、肇国の偉大さを強調する述語ですが、この言葉自体には解釈上の大きな論点はないように思えます。

【徳《とく》ヲ《を》樹《た》ツル《つる》コト《こと》】

徳《トク》 樹《タ》

現代語訳 道徳を樹立したのは

文法 「徳」は名詞、「ヲ」は格助詞です。「樹ツル」は動詞「樹ツ」

（他動詞タ行下二段活用）の連体形で、主語は「皇祖皇宗」で、「徳ヲ」を目的語として、続く「コト」に係ります。「コト」は名詞で、続く「深厚ナリ」の主語になります。前の「国ヲ肇ムルコト」と対句になっています。

「徳」は、説文解字で「升《のぼ》るなり」と解釈しています。しかし、正字の「徳」や異体字の「悳」にあるように、「直」と「心」を合わせた「まっすぐな心」という意味に考えてよいでしょう。いまの言葉では、道徳と置き換えられます。「樹」は樹木の意味から転じて、樹立するという熟語の意味で読みとります。聖訓報告は「樹」は「立である。」と語句釈義を示しました。

つまり、主語の「皇祖皇宗」が「道徳を樹立した」ということになります。重要なことは、これから述べる教育勅語にある道徳が、本当に「皇祖皇宗」によって樹立されたものなのかという問題となります。この考察は、これからの焦点ですから、ひとまず置きます。

【深厚《しんこう》ナリ《なり》。】

深厚《シンコウ》

現代語訳 深く厚いことである。

文法 主語は「徳ヲ樹ツルコト」で、「深厚」は名詞で、「ナリ」は助動詞「ナリ」の終止形です。または「深厚ナリ」全体を形容動詞として、その終止形とも言えます。

「深厚」とは、「皇祖皇宗」の「徳ヲ樹ツルコト」が偉大なことだったのだという述語です。「深い」も「厚い」も現代語で親しみがありますが、類似した漢字を重ねた漢字の熟語を、助動詞「なり」によって形容動詞にしたわけです。「深く厚いことである」と訳しました。

聖訓報告は全文釈義として訳すときに「深く厚くあらせられ、」として、「「深厚ナリ」の所に於《お》いては、文章として切れないものと解し奉る。」という解釈を決定事項として示しました。この考えは、冒頭の「朕惟フニ」という対象が文章全体に及ぶことを明確にしようとした意図です。それは妥当だと思いますが、文章として切れないから「深厚ナリ」を終止形ではなく連用形の「ナリ」であると読むのは無理があり、文脈上の内容と文法を混乱していると言わざるをえません。

この冒頭の一文が、次のような構造を持っていることを対比すると、対句を活かして整えた文章であることが分かります。ここは終止形で切れるというのが、もっとも内容と文法に即しています。

■**第一文の構造**

朕惟フニ、〔勅語全文にかかる〕

我カ皇祖皇宗、

国ヲ肇ムルコト　…　宏遠ニ、

〔対句〕

徳ヲ樹ツルコト　…　深厚ナリ。

第二文 つくられた伝統が「教育の淵源」に

我《わ》《ワ》カ《が》臣民《しんみん》《シンミン》、克《よ》《ヨ》ク《く》忠《ちゅう》《チユウ》ニ《に》克《よ》《ヨ》ク《く》孝《こう》《カウ》ニ《に》、億兆《おくちょう》《オクテウ》心《こころ》《ココロ》ヲ《を》一《いつ》《イツ》ニ《に》シ《し》テ《て》、世世《よよ》《ヨヨ》厥《その》《ソ》ノ《の》美《び》《ビ》ヲ《を》済《な》《ナ》セル《せる》ハ《は》、此《こ》《コ》レ《れ》我《わ》《ワ》カ《が》国体《こくたい》《コクタイ》ノ《の》精華《せいか》《セイクワ》ニ《に》シ《し》テ《て》、教育《きょういく》《ケウイク》ノ《の》淵源《えんげん》《エンゲン》亦《また》《マタ》実《じつ》《ジツ》ニ《に》此《ここ》《ココ》ニ《に》存《そん》《ソン》ス《す》。

現代語訳 我が臣民は、よく忠であり、よく孝であり、皆が心を一つにして、代々その美風をつくりあげてきたことは、これは我が国体の華々しいところであり、教育の根源もまた実にここにあるのだ。

第二文は、第一文が過去の天皇の祖先を描いたのと対照して、過去の臣民の祖先について述べます。過去の臣民は過去の天皇への忠孝に励んできて、この美風が「国体ノ精華」であり、「教育ノ淵源」であると述べています。

【我《わ》《ワ》カ《が》臣《しん》《シン》民《みん》《ミン》、】

現代語訳　我が臣民は、

文法　「我カ」は代名詞「わ」（一人称、文法用語では自称）と格助詞「が」が合わさった連体詞で、「私にかかわりのある」として「臣民」を修飾します。名詞の「臣民」は「臣たる民」という熟語で、今日の「国民」に「天皇の臣下である」の意味が加わります。

明治天皇は自分を、第一文冒頭で「朕」と呼んで「我」と置きかえましたが、ここでも「我」と呼びかえて、重複を避けています。

ここで登場する「我が臣民」は、教育勅語が出されたときの臣民ではなく、過去の天皇に仕えた臣民です。臣民は、本来は国王に仕える貴族や武士などの「臣」と、国王に統治される「民」の両方の集団を、区別して呼ぶ言葉でした。しかしここでは「臣である民」として天皇と皇室以外の国民一般を立場を問わず一括して呼ぶ言葉となっています。これは大日本帝国憲法で、国民を指す言葉として統一して用いられ、「日本臣民」という用語が使われています。このように考えると、「臣である民」として公式に確立したのは、教育勅語の前年に発布された大日本帝国憲法以降になります。

教育勅語同様に井上毅《いのうえこわし》が起草に当たった憲法告文、憲法勅語や憲法公布文では、過去、現在、未来を示す修飾句が臣民に付されています。たとえば、「祖宗ノ忠良ナル臣民」という過去の臣民や、「現在及将来ノ臣民」という現在と未来の臣民です。これは過去の伝統に則《のっと》り、現在の臣民に公布して、未来の臣民にも及ぼすという強烈な時間や歴史の意識の表れです。この箇所で登場する「我カ臣民」は、これからみるように、明確に過去の臣民、つまり現在の臣民の祖先を示します。

【克《よ》《ヨ》ク《く》忠《ちゆう》《チユウ》ニ《に》】

現代語訳 よく忠であり、

文法 「克ク」は副詞として、「億兆心ヲ一ニシテ」や「美ヲ済セル」の動詞「シ」や「済セル」に係ると解釈できますが、むしろ「克ク忠ニシテ」とあるべきところの「シテ」を省略したとみるのがよいでしょう。「忠」は名詞、「ニ」は格助詞で、「忠ナリ」という形容動詞の連用形とみれば、「克ク忠ナリ」とみることも可能です。次の「克ク孝ニ」と語調においても、意味においても明確な対句となります。

「克」は「克服」や「克己心《こっきしん》」などの「勝つ」という意味で用いていますが、ここでは「することができる」という意味です。「よく」は、可能性や良好な状態を示して、「能く」や「良く」「好く」という漢字を用いることが一般的ですが、ここでは「克ク」という当時も現代もあまり用いられない漢字を使っています。これは、儒教の経典である『書経《しょきょう》』や『詩経《しきょう》』に出てくる古い用法で、勅語の荘厳さを増すためにあえてめずらしい漢字を用いたわけです。

「忠」は、説文解字に「敬《つつ》しむなり」というように、心の中から、真心を示すことです。しかし、だれにでも示す真心ではなく、国王や主人に対する忠誠を示すものです。それでも自分が仕えるべき権力者や上司はたくさんいるのですが、この時期においては「忠君」として天皇一人への忠誠へと対象が限定されていきます。

もっとも、真心や主人一般の意味も消えたわけではありません。東京の渋谷駅前に銅像がある「忠犬ハチ公」は、一九二五（大正一四）年に逝去した主人を駅前で待ったのであって、天皇を待っていたのではありません。

【克《よ》ク《く》孝《こう》ニ《に》、】

ヨ　カウ

現代語訳　よく孝であり、

文法　「克ク」は副詞として、「億兆心ヲ一ニシテ」や「美ヲ済セル」

の動詞「シ」や「済セル」に係ると解釈できますが、むしろ「克ク孝ニシテ」とあるべきところの「シテ」を省略したとみるのがよいでしょう。「孝」は名詞、「ニ」は格助詞で、「孝ナリ」という形容動詞の連用形とみれば、「克ク孝ナリ」とみることも可能です。先の「克ク忠ニ」と語調においても、意味においても明確な対句となります。

「孝」は、説文解字に「善く父母に事《つか》ふる者なり。」というように、子どもが父母に感謝して尽くすという感情であり、今日の親孝行という言葉に近いものです。しかし、この概念を儒教では「孝」と呼んで、父母や祖先への儀礼として重んじたので、永らく儒教世界の基本的な徳目となりました。親や祖先一般への「孝」は、主人や天皇への「忠」と一致するとはかぎりません。

億兆《おくちょう》
オクテウ

現代語訳 皆が

文法 「億兆」という民衆を表す名詞には助詞が付いていませんが、次の「一ニシテ」という述部の主語となりますので「皆が」と訳します。

「億兆」は、一億と一兆の、あるいは億単位の兆単位の、たいへん大きな数を意味しますが、古代の中国や日本では民衆を意味しました。聖訓報告は「勅語の語句釈義」として、「億兆」を「衆多の臣民を指す。」としています。フランスのルソーを紹介したことで有名な明治の思想家に中江兆民《なかえちょうみん》という人物がいますが、この兆民は『書経』を出典とした多くの民衆を意味する言葉からとったペンネームです。

現在は一億人と言えば日本の人口をイメージしますが、教育勅語が出された当時の日本の人口は、まだ三九九〇万人（内閣統計局推計）でした。大きいことは良いことなので、数はサバを読みたくなるもので、もっと人口の少ないときから億兆と言っていたわけですから、教育勅語の数桁のサバ読みも文学的な修辞として認められるものです。

【心《こころ》《ココロ》ヲ《を》一《いつ》《イツ》ニ《に》シ《し》テ《て》、】

現代語訳　心を一つにして、

文法　名詞の「心」に格助詞の「ヲ」が付いて一つにするという「一ニス」の目的語となります。名詞「一」に、変化の結果を表す格助詞の「ニ」がついて、動作や作用を表すサ行変格活用の他動詞「ス」がついて、一つにするという意味の「一ニス」という複合動詞として捉えられます。その連用形の「一ニシ」に接続助詞の「テ」がついて、後続する「済セル」に続いていきます。「一」は、数字を数えるときには呉音の「イチ」が多用されますが、漢文訓読では漢音の「イツ」が好まれます。現代も熟語で「統一」「一体」「一致」と読むときにも、「イツ」です。

過去の日本の民衆としての「我カ臣民」が、心を一つにしていたという意味です。ここまでのように、みんなが忠で孝であればそのとおりかもしれません。

しかし、現実にどの時代にも動乱も対立もあったわけで、億兆という多数の民衆が実際に心を一つにしていたとは、起草者である井上毅も元《もと》田《だ》永孚《ながざね》も思っていないでしょう。「クラスで心を一つにしてがんばりましょう」と話しあうときは、バラバラだった生徒が集まって、学校のクラス対抗試合をめざそうということですね。

【世世《よよ》《ヨヨ》】

現代語訳 代々

文法 名詞の「世」を重ねて「世世」として、副詞として用い、「済セル」を修飾する。

この箇所の古典としての出典は、『春秋左氏伝《しゅんじゅうさしでん》』の文公《ぶんこう》十八年条《じょう》と司馬遷の『史記』の「五帝本紀《ごていほんぎ》」にある「世済其美」（世々其の美を済す）という表現が前提となっています。中国古典では「世」とある部分を日本人が「世々」と読んだ箇所です。

官報版勅語は「世々」と踊り字が入ります。国定教科書をはじめ、「世々」が広く用いられましたが、東大蔵勅語は、「世世」です。漢字の反復記号「々」、ひらがなの「ゝ」、カタカナの「ヽ」、さらに複数の文字のくりかえしを意味する「〱」は、踊り字といって、略式の筆記法です。漢字のくりかえしを意味する「々」は、中国の漢字ではなく、日本人が漢文訓読のためにつくった記号で、たとえば古典に「世」とあるのを、くりかえして読みたいときに、添えて書きくわえる記号でした。人々、日々という形で日常的にも多用しますが、本来の漢字ではないので音読みも訓読みもありません。

このような踊り字を権威ある教育勅語で使うことは、本来は避けるべきでした。しかし文部大臣に渡された教育勅語は踊り字が使われ、このまま官報版勅語や、国定教科書で広がった経緯があります。いっぽうで、戦後になって、海後宗臣の『教育勅語成立史研究』によって東大蔵勅語がカラー写真で紹介して学界に広がり、明治天皇と昭憲皇太后《しょうけんこうたいごう》を祭神とする明治神宮もこの「世世」とあるテキストを崇敬者に広めました。

そのため、現在では、「世々」も「世世」も、両方を書籍などで見ることになります。

また官報版勅語も法令的には正統なテキストですが、ここでは訓読記号の「々」を用いないものが正しい方であるという立場から、「世世」と書いた東大蔵勅語を明治天皇の自筆署名と天皇御璽のある原本をより優れた写本、つまり「善本」と評価して、テキスト検討の底本として採用します。

「世世」は、言葉を補うと、「歴代天皇の治世ごとに」と解釈できます。大日本帝国憲法と同時に公布された皇室典範によって、天皇は第十条の「崩《ほう》」（崩御《ほうぎょ》とも言う、死亡のこと）によってのみ次の天皇に交代することになり、明治、大正、昭和と一世の天皇の死亡まで同じ元号を用いて、死後はその元号を冠して明治天皇、大正天皇、昭和天皇と呼ばれました。これは一世一元の制度と呼ばれました。

しかし、明治以前は同じ天皇で元号を改める改元も多く、また天皇の死亡以前に退位して上皇になることも多くありました。この三世代継続した一世一元の制度は、平成の元号を用いる現在の天皇である明仁《あきひと》が、生前に退位する予定となって、この慣習が改められることになります。なお、敬称ではその時代の天皇は今上《きんじょう》天皇と呼び、元号を冠して○○天皇と生前に呼ぶことはけっしてありません。

【厥《そ》ノ《の》美《び》ヲ《を》】

現代語訳 その美風を

文法 「厥ノ」は代名詞「そ」（三人称にあたる他称の中称）と格助詞「の」が合わさった連体詞で、「美」を修飾します。「美」は名詞で、格助詞「ヲ」が続いて、続く「済セル」の目的語となります。

「その」という言葉に漢字を当てれば、「其ノ」が一般的です。聖訓報告は「勅語の語句釈義」として、「厥」を「其である。」としています。「厥」は中国古代の『詩経』にも「その」の意味で使う用例がありますが、本来は体を曲げたような状態を表す文字で、むしろ曲がった若葉を出すシダ植物の「蕨《わらび》」という、くさかんむりをつけた漢字のほうが接する機会の多い漢字で親しみがありますね。この箇所の出典である『春秋左氏伝』や『史記』も「世済其美」（世々其の美を済す）と「其」とあるのですが、起草者の井上毅の案文で「其」でなく「厥」と書いています。

指示語としての連体詞の「その」は、それ以前の一心に忠孝に尽くした過去の臣民を指すわけですから、そうした事実の提示が難しいことは承知で起草するとすれば、逆にあえて「厥ノ」とめずらしい言葉を使いたくなる気分もあるのかもしれません。

「美」という言葉に違和感を感じる人がいるかもしれません。おそらく、大正デモクラシーの教育界を席巻した新カント主義によるドイツ流の教育的価値論である「真善美」が、いまでも学校で語られるからでしょう。学問的な真（ドイツ語のWahr《バール》）と、道徳的な善（ドイツ語のGute《グーテ》）と、芸術的な美（ドイツ語のSchön《シェーン》）は、それぞれ価値があるものだが、別のものだという考えです。

しかし元々は美は、現在の文字を見てもわかるように、「羊」が「大」であることを意味します。羊を家畜にした古代中国人の感覚で価値あるものを意味するので、私たちも食べ物に「美味だ」と言いますね。同様に「善」という文字の上部にも「羊」が含まれることも気づくでしょう。善も美も道徳を語るうえで区別せず、一緒に考えるわけです。ここでは「おいしい」では意味不明なので、「美風を」と現代語訳しました。

【済《な》セ《せ》ル《る》ハ《は》、】

現代語訳 つくりあげてきたことは、

文法 「済セル」はサ行四段活用の他動詞「済ス」の已然形《いぜんけい》「済セ」に完了の助動詞「リ」の連体形がついたもので、「済セルコト」と補って考えます。主語を示す係助詞の「ハ」をつけて、以下の「精華ニシテ」を述部とします。

ものごとを「ナス」は「成ス」というほうが一般的ですが、『春秋左氏伝』や『史記』も「世済其美」（世々其の美を済す）のまま、「済ス」をつかっています。聖訓報告は「勅語の語句釈義」として、「済」を「成である。」としています。

【此《コ》レ《これ》】

現代語訳 これは

文法 「此レ」は代名詞（三人称にあたる他称の近称）です。

直前の「済セルハ」という明確に主部があって、さらに「此レ」と指示語による主部が重なります。こうした場合は、「此レ」はむしろ語調を整えて、軽く添えた言葉とみてよいでしょう。漢文の「之」は訓読で無視することもある助字です。日本語の「ああ、こりゃ、こりゃ」といった合いの手のような感じです。

ただ、ここは「之」ではなく、場所を示すことの多い「此」が使われますから、この二つ目の主語が何を指すか、気になってくるわけです。聖訓報告は「勅語の語句釈義」として、「此レ」を「「皇祖皇宗」以下「世々厥ノ美ヲ済セルハ」までを指す。」としています。これは話がずいぶんと遡《さかのぼ》って、「朕惟フニ」の勅語から全部を指示する言葉だという解釈です。聖訓報告は、第一文と第二文を一文につなげて切らないという解釈に立ちますから、この解釈が妥当になるわけです。しかし、切って読めば、「此レ」は軽く添えた言葉か、あるいは、「我カ臣民」以下の文言を指すはずです。

【我《わ》カ《が》国体《こくたい》ノ《の》】

我《ワ》カ国体《コクタイ》ノ

現代語訳 我が国体の

文法 「我」は代名詞「わ」（一人称にあたる自称）と格助詞「が」が合わさった連体詞で、「私にかかわりのある」として「国体」を修飾します。「国体」は名詞で、格助詞の「ノ」によって連体格となって、次の「精華」を修飾します。

国体とは、大日本帝国憲法第一条の「大日本帝国憲法ハ万世一系ノ天皇之ヲ統治ス」というように天皇を頂点とした国家のあり方と考えられますが、憲法そのものに登場する用語ではありません。聖訓報告は「勅語の語句釈義」として、「国体」を「国柄の義。」としています。この漠然とした定義は、穏当です。「お国柄」ということばは、「県民性」と同様に用いますね。しかし「国体」という言葉は、教育勅語によって明確なものと考えられるようになりました。一九二五（大正一四）年の治安維持法は「国体ヲ変革スルコト」を禁止して刑罰の対象にしたように、国体に反するかどうかによって思想や活動の取り締まりの判断ができるように進んだわけです。

　本文の文脈は大日本帝国憲法以前の過去の歴史を述べていますから、過去の国体についての存在を述べているわけです。しかし国体という用語は古代の古典には出典がありません。そもそも「国」は正字で「國」と書くように或る領域を意味して、明治の時代のような近代国家ではありません。中国古代の国は中国の中にある斉《せい》や魯《ろ》といった領域や都市でしたし、日本古代も武蔵国などという今日の都道府県レベルのものでした。

　江戸時代の水戸学では「国体」という用語が国の実体、本来の形という意味で頻繁に用いられ、この水戸学がさまざまな儒学や国学にも影響を与えていきました。明治維新後は一八七二（明治五）年の神仏合同の教化機関である大教院でも「皇国国体」が掲げられるなど言葉が急速に普及しました。

【精華《せいか》《セイクワ》ニシテ《にして》、】

現代語訳　華々しいところであり、

文法　名詞の「精華」に、状態を表す助動詞「ナリ」の連用形「ニ」とサ行変格活用の自動詞「ス」の連用形の「シ」と接続助詞の「テ」がついて、後続する「存ス」に続いていきます。

「精華」は、「精《くわ》しい」「華やか」という肯定的な言葉を重ねた熟語です。聖訓報告は「勅語の語句釈義」として、「精華」を「精髄《せいずい》に同じく純且《かつ》美なる実質をいふ。」として、ずいぶんと言葉を足して理解していますが、間違いではないでしょう。

ここの「国体ノ精華」で過去、現在、未来にいたる日本の国家としての実態を肯定的に示すキーワードとなるため、文章としても注目されます。聖訓報告は「勅語の述義につき主なる問題に関する決定事項」として、「「国体ノ精華」は、「皇祖皇宗国ヲ肇ムルコト宏遠ニ」以下「世々厥ノ美ヲ済セルハ」までを含むと解し奉る。精華は精髄といふに同じく、純且美なる実質をいふ。」としています。ここまでの話と重なりますが、聖訓報告が強調している眼目は、皇祖皇宗という天皇の祖先の事績と、臣民の祖先の事績が両方含まれているということにあります。普通に読むと、第二文にある臣民の祖先が一心に忠孝に尽くしたことが「国体ノ精華」なのですが、第一文と第二文を切らないことで、天皇の祖先も含めるわけです。ふつうに読んでも臣民の祖先は皇室の祖先に忠誠を尽くしているわけですから、大きな違いはないはずですが、臣民だけではいわば民主主義的なニュアンスが生じることを避けたいことに聖訓報告の解釈の眼目があります。

【教育《きょういく》《ケウイク》ノ《の》淵源《えんげん》《エンゲン》】

現代語訳　教育の根源も

文法　名詞の「教育」を、連体格となって続ける格助詞の「ノ」で、名詞の「淵源」につなげています。「教育ノ淵源」が主部として、「存ス」に続きます。続く「亦」の意味から、「も」と加えて訳します。

「教育」は『孟子』を出典とする言葉で、明治期には英語のeducationの訳語として用います。「得天下英才、而教育之」（天下の英才を得て之を教育する）という『孟子』の言葉でも、「〜から」というexと「ひっぱる」というducoからなるラテン語を起源とするeducationも、ともに次世代の能力の伸長と育成を示す言葉でした。しかし、明治以後は教育という言葉が、学校教育の普及にともなって、学校だけを意味するように誤解されるに至りました。もちろん、戦前も社会教育や家庭教育という言葉がありましたし、戦後の教育基本法も、学校教育以外の教育全般を含むものであることを明記しています。教育勅語に即して言えば、ここで述べられた教育が、学校教育だけではなく、社会や家庭の教育全般、つまり文化伝達全般にも及ぶことを意味するわけです。

「淵源」は淵や源を重ねた熟語です。聖訓報告は「勅語の語句釈義」として、「淵源」を「基づく所の義。」としています。ここでは「根源」と訳しました。

【亦《また》実《じつ》ニ《に》】
マタジツ

現代語訳 また実に

文法 「亦」は副詞として「存ス」を修飾しますが、漢文のなかでは助字として接続詞の機能をします。「実ニ」は名詞の「実」に、状態を表す助動詞の「ナリ」が付いて連用形として「存ス」につながります。

「また」を漢文の助字の「亦」とした場合、どちらかを選ぶニュアンスの「又」や、くりかえしを選ぶ「復」と区別して、「それに加えて、これもまた」という付け加えの意味が出てきます。ここではこの文章の前半が、一方では「国体ノ精華」であり、それに加えて、「教育ノ淵源」であるという構造をつくります。

【此《ここ》ニ《に》存《そん》ス《す》。】
ココ　ソン

現代語訳 ここにあるのだ。

文法 場所を示す「此」という代名詞に、格助詞の「ニ」をつけて、サ行変格活用の自動詞「存ス」の終止形で文章を終えています。

「此ニ」は、同じ文の「此レ」と意味的にも重なっており、そのことをくどいほどに直前の「亦」で強調しています。二つの「此」の指示内容は、同じものとなります。

この第二文のつながりをみると、次のようになります。この忠と孝の並立が教育勅語の一大テーマと言えます。それが、「国体ノ精華」であり、同時に、「教育ノ淵源」であるという文意です。この第二文は、天皇の祖先を論じた第一文に対比して、臣民の祖先を述べています。それらを前提にして、「国体ノ精華」と「教育ノ淵源」を一致させて述べることで、続くさまざまな徳目を国家的であり、かつ、教育的なものとして位置づける前段となるわけです。

■第二文の構造

我カ臣民、克ク忠ニ〔対句〕克ク孝ニ、億兆心ヲ一ニシテ、世世厥ノ美ヲ済セルハ、

此レ　我カ国体ノ精華ニシテ、

＝

教育ノ淵源　亦実ニ　此ニ　存ス。

第三文

徳目はすべて「皇運」のために

爾《なんじ》《ナンヂ》臣民《しんみん》《シンミン》、父母《ふぼ》《フボ》ニ《に》孝《こう》《カウ》ニ《に》、兄弟《けいてい》《ケイテイ》ニ《に》友《ゆう》《イウ》ニ《に》、夫婦《ふうふ》《フウフ》相和《あいわ》《アヒワ》シ《し》、
朋友《ほうゆう》《ホウイウ》相信《あいしん》《アヒシン》シ《じ》、恭倹《きょうけん》《キヨウケン》己《おの》《オノ》レ《れ》ヲ《を》持《じ》《ヂ》シ《し》、博愛《はくあい》《ハクアイ》衆《しゅう》《シユウ》ニ《に》及《およ》《オヨ》ホ《ぼ》シ《し》、
学《がく》《ガク》ヲ《を》修《おさ》《ヲサ》メ《め》業《ぎょう》《ゲフ》ヲ《を》習《なら》《ナラ》ヒ《い》、以《もっ》《モツ》テ《て》智能《ちのう》《チノウ》ヲ《を》啓発《けいはつ》《ケイハツ》シ《し》徳器《とっき》《トクキ》ヲ《を》成就《じょうじゅ》《ジヤウジユ》シ《し》、
進《すすん》《ススン》テ《で》公益《こうえき》《コウエキ》ヲ《を》広《ひろ》《ヒロ》メ《め》世務《せいむ》《セイム》ヲ《を》開《ひら》《ヒラ》キ《き》、
常《つね》《ツネ》ニ《に》国憲《こっけん》《コクケン》ヲ《を》重《おもん》《オモン》シ《じ》国法《こくほう》《コクハフ》ニ《に》遵《したが》《シタガ》ヒ《い》、
一旦《いったん》《イツタン》緩急《かんきゅう》《クワンキフ》ア《あ》レ《れ》ハ《ば》義勇《ぎゆう》《ギユウ》公《こう》《コウ》ニ《に》奉《ほう》《ホウ》シ《じ》、

以《もっ》《モツ》テ《て》天壌《てんじょう》《テンジヤウ》無窮《むきゅう》《ムキユウ》ノ《の》皇運《こううん》《クワウウン》ヲ《を》扶翼《ふよく》《フヨク》ス《す》ヘシ《べし》。

現代語訳　汝ら臣民は、父母に孝行をつくし、兄弟姉妹は仲良く、夫婦は仲むつまじく、友人は互いに信じあい、恭しく己を保ち、博愛をみんなに施し、学問を修め実業を習い、そうして知能を発達させ道徳性を完成させ、更に進んでは公共の利益を広めて世の中の事業を興し、常に国の憲法を尊重して国の法律に従い、ひとたび非常事態のときには大義に勇気をふるって国家につくし、そうして天と地とともに無限に続く皇室の運命を翼賛すべきである。

この第三文は、過去の天皇と臣民について述べた第一文と第二文を受けて、明治天皇から現在の臣民に道徳を列記して示すものです。列記された道徳は徳目と呼ばれますが、まず中国古代の儒教起源の徳目が続き、次いで西洋近代起源の徳目が並んで、最後に古事記や日本書紀に描かれた神話の世界に起源を発する徳目に至ります。

この文章を具体的に区切って徳目として数えるか、さらに徳目のつながり方をどう理解するかは、多様な解釈が成り立つために、教育勅語の衍義書でも解釈が揺れるものでした。

この第三文は徳目を示したものとして注目され、まとまった一つの意味の区切りを示すために、この第三文からを「第二段」と読んで、教育勅語が三段落で構成されているという主張が、過去も現在も少なくありません。徳目の構成や、文章のつながりについては、本書の第2部でくわしく説明します。

【爾臣民《なんじしんみん》《ナンジシンミン》、】

現代語訳 汝〔なんじ〕ら臣民は、

文法 「爾」は「美しい」の意味から転じた対称つまり二人称の代名詞で、一般的な「汝」と同じですが、敬意を添えた「あなた」など丁寧なニュアンスがあります。「臣民」は名詞で、第二文で用いられたとおり大日本帝国憲法のキーワードの「臣たる民」という熟語です。

第二文に出てきた「我カ臣民」は過去の天皇のもとにいた過去の臣民ですが、ここで「爾臣民」と呼ばれたのは、明治天皇の同時代の臣民、つまり一八九〇（明治二三）年一〇月三〇日現在の臣民です。「汝ら」と訳したように、一人ではなく、大日本帝国憲法のもとの、すべての臣民を対象にしています。

また、「臣民は」と主語として訳しましたが、一文の冒頭において、インド＝ヨーロッパ語の呼格vocativeという呼びかけの用法、「汝ら臣民よ！」と訳したいニュアンスを感じます。もちろん、現在の英語にも、古今の日本語にも呼格は存在しませんが、勅語は客観的に記す法律でも、神々に宣言する告文でもなく、対象者に伝えるための言葉です。そのために文中に、「爾」という二人称が用いられて、呼びかけているように記されるわけです。

【父《ふ》《フ》母《ぼ》《ボ》ニ《に》孝《こう》《カウ》ニ《に》、】

現代語訳　父母に孝行をつくし、

文法　「父母」は名詞で、「ニ」は格助詞で対象を表し、「父母を対象として」となります。「孝」は名詞で、「ニ」は格助詞で状態を表して「父母ニ忠ニシテ」とあるべきところの「シテ」を省略したとみるか、または、「ニ」を断定の助動詞「ナリ」の連用形や、「孝ナリ」という形容動詞の連用形とみることも可能です。いずれにせよ、「父母を対象にして孝という状態であって」ということですね。文章としては後につながっていきます。ここから続く文章は途中で区切れていますが、「すべきである」という文章で締めくくられる最後の「以テ天壌無窮ノ皇運ヲ扶翼スヘシ」にかかります。ここでは「父母に孝行をつくし」と言葉を補って現代語訳しました。次の「兄弟ニ友ニ」と語調においても、意味においても明確な対句となります。

この一句での「父母」は、現在の臣民それぞれの父と母を意味して、これに孝行を尽くすという徳目です。「あの子は孝行だ」という言葉は、古風に感じつつも、現在でも使われます。「孝行だ」から「孝」だけを取り出すと、儒教の徳目となります。漢字としての「孝」は、説文解字に「善く父母に事《つか》ふるなり。老の省に従ひ、子に従ふ。」というように、子どもが父母のために尽くすという文字です。「孝」を分解すると、「子」の上に「老」の省略文字としての「耂」（おいかんむり）があるように、老いた父母、さらには祖父母までも対象とする行為です。

こうした親子関係の道徳は、少子高齢化を迎えて家庭での介護などがクローズアップされる現代でもわかりやすいものです。しかし、自然な感情と思える「孝」が儒教の徳目として重視されることで、親孝行な介護などを超えて、死去した先祖への孝養も含めた概念となりました。さらに、『礼記《らいき》』などの経典が整えられて祖先祭祀がマニュアル化されて、「孝」は「礼」によって表現される儀式的な体系になります。

現在の日本の家庭では、仏壇に先祖の位牌を置いている家は多いのですが、これは仏教式の戒名が書いてあるために仏教が起源だと誤解している人がいます。しかし、これは儒教の「礼」に使うための祖先の名前を記した木主《ぼくしゅ》が起源であり、この木主に仏教徒としての戒名を書いたものです。

儒教では家族などの人間関係の道徳を整理して、五倫《ごりん》としました。これは父子、君臣、夫婦、長幼、朋友という五つの人間関係について、『孟子』（滕文公《とうぶんこう》上篇）で「父子親有《ふうししんあ》り、君臣義有《くんしんぎあ》り、夫婦別有《ふうふべつあ》り、長幼序有《ちょうようじょあ》り、朋友信有《ほうゆうしんあ》り」と述べて、徳目として親、義、別、序、信を当てはめた言葉が典拠です。『孟子』の原典どおりであれば、「父子ニ親ニ」（父子の間では親愛の情をもって）となるところですが、教育勅語は「父母ニ孝ニ」となっています。

まず異なるのは、「父」を「父母」とした点です。儒教の礼で祖先を遡ってまつるときには父系の先祖なので「父」で代表できます。明治の民法は一家のリーダーたる戸主には父親が就任することが定められるように男女不平等でした。大日本帝国憲法下では、制限選挙時代も普通選挙の時代も、女性には参政権がありませんでした。しかしながら大日本帝国憲法は、父も母も臣民だと認めています。そのために、「父」だけではなく、「父母」と言いかえたくなるのです。次に異なるのが「父子」の「子」がない点ですが、ここで「子」は言わなくても、子としての臣民の父母への道徳と読みとれますから省略されたのでしょう。

最後に徳目の眼目を示す言葉を「親」ではなく、儒教の中心概念である「孝」に置き換えた点です。「孝」という儒教の中心概念を持ってきたので、教育勅語が古代中国の儒教の道徳を引用して依拠していることがわかります。もちろん「親」だけでは、親しみか、親そのものか分かりにくさもあります。また「親」は親子関係の対等さがありますが、「孝」では子どもが親に尽くす側面が強調されます。

儒教の言葉に親しんでいた明治の人々にとっては、「父母ニ孝ニ」の言葉で、五倫の「父子に親有り」という典拠と、男女不平等ながらも男女ともに臣民と認めた大日本帝国憲法と、「孝」という儒教の中心概念が、重層的に理解できたでしょう。

どんな道徳の徳目でも、それとは逆の解釈ができる徳目が成立するものです。古代からの儒教の孝は、介護休業などが法制化された現代でも新たな常識と理解されますが、同時に「父母ニ孝ニ」だけではうまくいかないので、父母による児童虐待の対応のために子どもを親から離すことも可能とした児童虐待防止法なども法制化されています。

「父子に親有り」と強調した儒教ですが、儒教の経典である『春秋左氏伝』（隠公《いんこう》四年）には「大義、親を滅す」（大義があれば父子の親の徳目は消滅する）という「親」を滅する言葉も書かれているほどです。自分の身体を大切にすることが儒教では孝の第一歩ですが、広く臣民である成人男子に兵役の義務が課されると戦死することもあるのですから、それに反する徳目も成立していたことになります。

【兄弟《けいてい》《ケイテイ》ニ《に》友《ゆう》《イウ》ニ《に》、】

現代語訳　兄弟姉妹は仲良く、

文法　「父母ニ孝ニ」と対句をなして、文法的にも同じ構造で、「兄弟」は名詞で、「ニ」は対象を示す格助詞で、「友」は名詞で、「ニ」は状態を表す格助詞、または断定の助動詞「ナリ」の連用形、または「友ナリ」という形容動詞の連用形です。

「兄弟」を当時も一般的な読み方だった呉音の「キョウダイ」と発音をせずに、漢音の「ケイテイ」と読むのは、古代日本から儒教の経典は漢音で読むことが正しいとされたことによります。国定教科書をはじめとして「ケイテイ」と読んだことで、日常的な兄弟のことよりも、儒教の五倫がイメージされるわけです。ところが、五倫には「長幼序有り」（年長者と年少者の間には秩序がある）という徳目はあっても、兄弟は出てきません。しかし『書経』をはじめとする経典で兄弟について述べられており、孔子が『論語』（為政篇）で「兄弟に友に。」（兄弟は友情をもって）とまとめた言葉が、この箇所の典拠です。

直前には父を父母と置きかえていますが、ここでは兄弟を兄弟姉妹と置きかえなかったことは、大日本帝国憲法下での男女の臣民のあり方としても不十分さを感じます。このため多くの衍義書や国定教科書には男女ともに共通する徳目であることを説明しています。聖訓報告の「全文注釈」では「兄弟姉妹仲良くし」と置きかえています。現在の男女平等社会でも、兄弟をひらがなで「きょうだい」と書いて、兄弟姉妹を広く意味する用法がありますが、それと類似しています。

けっきょくは、人口に膾炙《かいしゃ》した『論語』の言葉があり、「父母ニ孝ニ」と「兄弟ニ友ニ」という整った対句と同じ文字数を維持したいとなると、内容重視で「兄弟姉妹ニ友ニ」とは書きにくいですね。

孟子の母親が教育環境を良くするために三度転居したという有名な孟母三遷《もうぼさんせん》の教えが、前漢の儒者である劉向《りゅうきょう》の『列女伝』に載せられている例からもわかるように、儒教は女性による道徳的行動を軽視したわけではありません。しかし、基本は儒教が扱う士大夫《したいふ》つまり臣としての道徳は男中心の世界でした。これが臣民の道徳として、男女共通の道徳として登場する明治期には、古典の言葉の限界が生じることになるわけです。

【夫婦《ふうふ》《フウフ》相和《あいわ》《アヒワ》シ《し》、】

現代語訳 夫婦は仲むつまじく、

文法 「夫婦」は名詞として、サ行変格活用の自動詞「相和スル」の連用形の主語となります。漢代の詩である楽府《がふ》の「相和歌《そうわか》」のように「ソウワ」という熟語とみることもできます。しかし、「アヒ」という訓読のとおり、「アフ」という動詞の連用形から派生した、語調を整える接頭辞「アヒ」が、「和ス」を修飾した動詞とみるべきです。次の「朋友相信シ」と対句をなします。

『孟子』（滕文公上篇）の五倫の一つ、「夫婦別有り」（夫婦には区別がある）という男女の「別」つまり男性優位の相違を強調する言葉を変更して、「和」という夫婦円満をイメージする徳目にしています。ここにも中国古代の儒教を典拠としながらも、男女ともに臣民とした大日本帝国憲法下での変化をみることができます。

教育勅語をはじめとした詔勅は、古典漢文を訓読した漢文訓読調を基本的な文体としますが、この箇所の「相」は、いかにも江戸時代に育った起草者たちの日本語を感じます。国定教科書なども漢音で「ソウワ」と読まず、大和《やまと》言葉《ことば》と漢音を重ねて「アヒワ」としています。「あひ」という接頭辞は万葉集から用例がありますが、近世の候文《そうろうぶん》と呼ばれる手紙や公文書で多用される文体で定着します。なにか合わさったり、相互におこなったりする意味は感じますが、語調を整えて丁寧さや重みを持たせる接頭辞です。「成《な》り候《そうろう》」（なります）と書いてよい箇所でも、語調を整えて、「相成り候」（あいなります）と書きます。この「相」が漢文訓読調であるはずの、教育勅語に入ってしまったのです。

【朋《ほう》《ホウ》友《ゆう》《イウ》相《あい》《アヒ》信《しん》《シン》シ《じ》、】

現代語訳 友人は互いに信じあい、

文法 「朋友」は名詞として、サ行変格活用の自動詞「相和スル」の連用形の主語となります。対句をなす「夫婦相信シ」と同様に「相」は語調を整える接頭辞「アヒ」が「信ス」に付加されています。「相」は、語調を整えただけといえますが、ここでは「互いに信じあい」と訳しておきました。

『孟子』（滕文公上篇）の五倫の一つ、「朋友信有り」（朋友には信頼がある）という対等の人間関係における信頼を示す徳目について、日本語の「あひ」を加えつつも、原典をあまり変えずに用いています。

五倫と同じく、儒教徳目として知られる五常は、仁、義、礼、智、信の五つです。これは孟子が重視した仁義に礼と智を加えて四徳として、前漢の董仲舒《とうちゅうじょ》が五行説《ごぎょうせつ》の影響下に信を加えて五つに整理したものです。この「信」が登場しています。五倫で言えば、ここまでで、「父子親有り、君臣義有り、夫婦別有り、長幼序有り、朋友信有り」のうち、「君臣義有り」以外の四つが形を変えて登場したことになります。君臣の義は、忠に通じるものですから、ここでは列記しなくても教育勅語全体を貫いているわけです。

【恭倹《きようけん》己《おのれ》レヲ持《じ》シ、】

キヨウケン オノ ジ

現代語訳 恭しく己を保ち、

文法 「恭倹」は名詞ですが、「恭倹が」として主語とすると文意がとおりませんので、「恭倹ということについては」として、主題を提示していると考えるのが適当です。「己レ」という一人称の代名詞に、目的を表す格助詞の「ヲ」が続いて、サ行変格活用の他動詞の「持ス」の目的語となり、連用形の「持シ」につながります。次の「博愛衆に及ホシ」と対句となります。

「恭倹」という言葉は、『論語』（学而篇《がくじへん》）で孔子について弟子の子貢《しこう》が述べた「夫子《ふうし》は温良《おんりょう》、恭倹譲《きょうけんじょう》にして、以て之を得る」（孔子という夫子は、温良で、恭しく倹約で譲《へりくだ》ることを知り、そういうものを体得している）という箇所から出ています。他人に恭しく、自らは倹約であるという状態は、そのまま自己を保持していることになります。聖訓報告の「語句釈義」に、「恭倹」は「恭はつゝしむこと、倹は心をひきしめること。」とあり、「語句釈義」に、「持シ」は「執り守る義。」とあります。

恭倹という熟語ですが、それ自体を儒教でくりかえし強調されて根づいた徳目ではありません。むしろこの時期に西洋近代社会の道徳が移入されたことに依拠します。つまり、自己を律するという西洋近代の個人道徳を、古くからの儒教に典拠のある言葉で翻訳して表現しているわけです。英語訳勅語では、bear yourselves in modesty and moderation（謙遜と節度のなかに、あなたたち自身を保持しなさい）と英訳しますが、まさにmodesty（謙譲）やmoderation（節度、儒教用語で訳せば中庸）という西洋近代の市民道徳を明治期に移入したものです。スマイルズSamuel Smilesの『自助論』Self Helpを、教育勅語の最初の起草者である中村正直が一八七〇（明治三）年から翌年に『西国立志編《さいごくりっしへん》』と題して翻訳して当時の若者に多く読まれました。このように自己規律の道徳が新時代に必要な西洋近代の道徳として、定着していたのです。

ここから出てくる徳目は、近代の個人や社会の道徳が、漢字で翻訳されたために儒教的に見えつつも、実際には西洋からの移入として語られることになります。

【博愛衆《はくあいしゅう》《ハクアイシユウ》ニ《に》及《およ》《オヨ》ホ《ぼ》シ《し》、】

現代語訳　博愛をみんなに施し、

文法　「博愛」は名詞で格助詞「を」を添えて目的語とみることもできますが、対句をなす「恭倹己を持シ」と同じく、主題を提示していると考えることもできます。つまり、「博愛」を「衆ニ及ホシ」と読むこともできるし、「博愛」というものは「衆ニ及ホシ」ていくものだと読むこともできます。名詞「衆」（みんな）に、格助詞の「ニ」がついて対象を表し、自動詞「及フ」の他動詞型であるサ行四段活用の他動詞「及ホス」の連用形の「及ホシ」につながります。

「博愛」は、『論語』（学而篇）の孔子が「汎《およ》そ衆を愛して仁に親しむ」（一般的に言って民衆を愛することが仁に親しむことになる）とある箇所や、『孝経』の「徳は博《ひろ》く人を愛するよりも、高きは莫《な》し」（徳は広く人を愛することを、上回るものはない）とある箇所などが出典となります。フランス革命のスローガンである「自由、平等、博愛（友愛）」という西洋近代の社会道徳が明治期に知らされ、今日では訳し分けられる無差別の博愛philanthropyと友愛fraternityなどが新しい近代西洋の道徳として知られていました。なお英語訳勅語ではextend your benevolence to all（あなたの善意をみんなに及ぼしなさい）と英訳して、フィランソロピーやフラタニティと言わずに、あえて一般的な言葉で訳しています。なお、聖訓報告の「語句釈義」に、「及ホシ」は「近より遠にひろめる義である。」とあります。

【学《がく》ヲ《を》修《おさ》メ《め》業《ぎょう》ヲ《を》習《なら》ヒ《い》、】

学《ガク》ヲ《ヲ》修《サ》……業《ゲフ》ヲ習《ナラ》

現代語訳　学問を修め実業を習い

文法　「学」は名詞で、格助詞「ヲ」を添えて目的語として、マ行下二段活用の他動詞「修ム」の連用形「修メ」にかかります。「業」は名詞で、格助詞「ヲ」を添えて目的語として、ハ行四段活用の他動詞「習フ」の連用形「習ヒ」にかかります。「学ヲ修メ」と「業ヲ習ヒ」

は対句です。この対句になったセットを最初に、これから後に修飾句を添えて対句のセットが連続して、畳みかけるように続いていきます。

一八七二（明治五）年に西洋の近代学校の制度を導入した学制では、太政官名義の布告書で、「学問は身《み》を立《た》つるの財本《ざいほん》」（学問は立身のための基本財産のようなものである）という、実用的な学問を学ぶ必要が押し出されます。こうして、西洋近代の知識や技能を修得する場としての学校が普及していきます。この「学ヲ修メ」と「業ヲ習ヒ」という対句には、知識としての学問を修得して、実業に活用する技術を習得するという実学的な学校観がまず、登場しています。

「学ヲ修メ」という言葉を短くすると「学修」となります。学ぶだけのときには「学習」という言葉を用いますが、今日の学校関係の法令でも学んだことがきちんと修められて身についている状態を「学修」という言葉で区別します。

【以《もつ》《モツ》テ《て》智能《ちのう》《チノウ》ヲ《を》啓発《けいはつ》《ケイハツ》シ《し》徳器《とつき》《トクキ》ヲ《を》成就《じようじゆ》《ジヤウジユ》シ《し》、】

現代語訳　そうして知能を発達させ道徳性を完成させ、

文法 「以テ」は夕行四段活用の他動詞「以ツ」の連用形に、連用形を受けて順接でつなぐ接続助詞の「テ」とみるのが日本語の文法です。しかし、漢文訓読調の文章としては、漢文の「以」という文章をつなぐ意味の軽く添える助字とみるのが適当です。「そうして」と直前の対句を順接でつないでいます。「智能」は名詞で、格助詞「ヲ」を添えて目的語として、サ行変格活用の他動詞「啓発ス」の連用形「啓発シ」にかかります。「徳器」は名詞で、格助詞「ヲ」を添えて目的語として、サ行変格活用の他動詞「成就ス」の連用形「成就シ」にかかります。「智能ヲ啓発シ」と「徳器ヲ成就シ」は対句です。直前の「学ヲ修メ業ヲ習ヒ」という対句のセットに続いて、「以テ」という修飾句を添えた対句のセットが連続します。さらにその後も修飾句と対句のセットが続いて、最後の「以テ天壌無窮ノ皇運ヲ扶翼スヘシ」にかかります。

漢文訓読調の「以テ」で始まりながらも、知識や技能を中心にした学制以来の近代学校のあり方と、明治一〇年代から強調された道徳の重視を、対句としてまとめた、生々しい言葉です。

第2部でも詳述しますが一八七九（明治一二）年の教学聖旨論争において、当時の知識・技能中心の近代学校を批判して道徳性を強調したのが元田永孚であり、道徳性の強調による混乱を予見して反論したのが井上毅でした。この教育勅語起草者の二人の論争が対句として登場しているのが、まさにこの箇所です。

英語訳勅語の言葉を添えると、智能intellectual facultiesを啓発developして、徳器moral powersを成就perfectするということになります。「智能」は「知能」の書き方が現在では一般的で、「啓発」は、近代で一般的だった啓蒙は無知の状態を意味する「蒙」が差別的な要素の深い用語だとして、むしろ「啓発」のほうが現在では広く用いられています。「徳器」は現在の道徳性や道徳的実践力などに置き換えて良いでしょう。「成就」は漢文訓読としては漢音を重視する立場からは「セイシュウ」とふりがなを振るべきですが、国定教科書も「ジョウジュ」と呉音で読ませています。仏教語としての成就が定着しているので、一般的な読み方をせざるを得ないところでしょう。

聖訓報告の「語句釈義」に、「智能ヲ啓発シ」は「知識才能を進めること。」とあり、「徳器ヲ成就シ」は「徳ある有為の人となること。」とあります。知識技能中心の学制学校を想起させる「学ヲ修メ業ヲ習ヒ」という対句を受けて、「智能ヲ啓発シ徳器ヲ成就シ」の対句で学力と道徳性をセットにしたことは、今日の学校の先生など教育の動向に詳しい方々は、むしろ最新の動向に合致するように感じられるかもしれません。二〇一七年三月から新しい学習指導要領が順次告示され、学校教育で育成される「資質・能力の三つの柱」という言葉で、基礎・基本となる知識・技能と、応用的な思考力・判断力・表現力などと、学びに向かう力・人間性などの、三つが強調されています。学力のなかに人間性などの道徳性の成就までも含めようとする現在の動向は、この箇所と呼応しているように読めます。

【進《ススン》テ《すすんで》公益《コウエキ》ヲ《こうえきを》広《ヒロ》メ《ひろめ》世務《セイム》ヲ《せいむを》開《ヒラ》キ《ひらき》、】

現代語訳 更に進んでは公共の利益を広めて世の中の事業を興し、

文法 マ行四段活用の自動詞「進ム」の連用形「進ミ」が撥音便で「進ン」となり、連用形を受けて順接でつなぐ接続助詞の「テ」につながります。この「進テ」は意味のある一つの言葉ですが、前の語句の「以テ」と同じように、「さらに」という接続句として文章をつないでいます。「公益」は名詞で、格助詞「ヲ」を添えて目的語として、マ行下二段活用の他動詞「広ム」の連用形「広メ」にかかります。「世務」は名詞で、格助詞「ヲ」を添えて目的語として、カ行四段活用の他動詞「開ク」の連用形「開キ」にかかります。「公益ヲ広メ」と「世務ヲ開キ」は対句です。「以テ智能ヲ啓発シ徳器ヲ成就シ」と語調が重なる三つめの対句のセットとなります。

三つ目の対句のセットで畳みかけると、日本の近代化が西洋近代から知識や技能を受容して、文明開化、殖産興業、富国強兵と当時から語られて現在も教科書に載っている近代産業への道筋を示す言葉が思い浮かびます。もちろん近代の産業は、同時に貧富の格差をはじめ社会問題を発生させるものですから、道徳を語るためには先取りして「公益」という概念を打ちだす必要があります。

「公私」という言葉のように、「公」という概念は、自分だけの所有物を意味する「私」と対置されます。「私」の左にある「禾《か》」は穀物の実りですが、右の「厶《し》」がまさに自分で囲い込んだ「わたしのもの」です。この「厶」をみんなにオープンにする「八」という符号をつけると、「公」になるわけです。こうした儒教以前の甲骨文・金石文からのロジックが、現在の公私という言葉のイメージとして何千年も生き続けています。

一八九八（明治三一）年の、いわゆる明治民法は、みんながオープンに利益を受ける「公益」を目的とする団体を社団や財団という法人として、民間の公益事業を国家が認めるという制度をつくりました。日本赤十字社などが有名です。なお、この制度は、二〇〇八年には公益財団法人や公益社団法人の制度として整備されて現在に至っています。

このように、学問による個人の立身出世だけではなく、民間における公益への寄与をもとめることが道徳的であるという道筋が教育勅語のなかでも、実際の明治の社会で展開していくことになります。この「公」の意味は、後で出る「公ニ奉シ」の「公」と対照的なものとなります。

「世務」は、あまり一般的ではない用語ですが、呉音の「セ」ではなく、漢音の「セイ」で読んでいます。公益のみならず、私益も含めた世の中の務めが広がっていくということです。聖訓報告の「語句釈義」に、「世務」は「世上有用《せじょうゆうよう》の業務である。」とあります。

【常《つね》《ツネ》ニ《に》国憲《こっけん》《コクケン》ヲ《を》重《おもん》《オモン》シ《じ》国法《こくほう》《コクハフ》ニ《に》遵《したが》《シタガ》ヒ《い》、】

現代語訳　常に国の憲法を尊重して国の法律に従い、

文法 形容動詞「常ナリ」の連用形「常ニ」は副詞として機能して、「重シ」と「遵ヒ」を修飾します。接続句とは言えませんが、前の「以テ」「進テ」と同じく語調を合わせています。「国憲」は名詞で、格助詞「ヲ」を添えて目的語として、サ行変格活用の他動詞「重ス」の連用形「重シ」にかかります。「国法」は名詞で、格助詞「ヲ」を添えて目的語として、ハ行四段活用の自動詞「遵フ」の連用形「遵ヒ」にかかります。「国憲ヲ重シ」と「国法ニ遵ヒ」は対句です。これで四つめの対句のセットとなります。

今日でも、日本国憲法、法律、政令、省令などの法令類には重みや書かれていることの拘束力の違いがあります。教育勅語は、前年の一八八九（明治二二）年二月一一日公布の大日本帝国憲法の起草に関わる井上毅が起草していますので、「国憲」とは大日本帝国憲法のこと、「国法」とは法律のことと素直に理解できます。

もちろん、憲法は天皇が定めた欽定憲法ですから、憲法よりも皇室典範は上位に置かれていますし、緊急時には法律よりも上位に置かれ、通常は法律の下位に置かれる勅令もあります。そのため、聖訓報告の「全文注釈」では「常に皇室典範並びに憲法を始め諸々の法令を尊重遵守し」とあります。同じく「語句釈義」のところに、「国憲」は「国の根本法の義。」とあり、「国法」は「広く国の法令を指す。」とあります。

なお、法律と道徳を区分することは今も昔もみられる議論で、教育勅語の起草過程では、元田永孚からこの箇所を削除する提案もありましたが、新しい大日本帝国憲法を定着させようとしていた井上毅が復活させて、ここに残っています。

教育勅語の徳目は、第二段落にある第五文に「中外《ちゆうがい》ニ施《ほどこ》シテ悖《もと》ラス」と国内のみならず、国外でも通用する普遍的なものだとしています。たしかに、今日のグローバル化した国際社会のモラルとして、法令遵守義務つまりコンプライアンスが強調されますから、この徳目はまさに普遍的だという言い方も成立します。しかし、現実の歴史上は教育勅語をめぐって、もっと複雑な逆転現象がありました。

台湾や朝鮮の住民は大日本帝国憲法の定める臣民の権利などは対象外なのですが、教育勅語で「常ニ国憲ヲ重シ国法ニ遵ヒ」とあるので、日本の臣民同様に守られているという解釈になってしまいます。もちろん、現実には制度的にも教育的にも差別されていますから、学校で虚偽を教えられていることになるわけです。

【一《いつ》《イッ》旦《たん》《タン》緩《かん》《クワン》急《きゅう》《キフ》ア《あ》レ《れ》ハ《ば》義《ぎ》《ギ》勇《ゆう》《ユウ》公《こう》《コウ》ニ《に》奉《ほう》《ホウ》シ《じ》、】

現代語訳 ひとたび非常事態のときには大義に勇気をふるって国家につくし、

文法 「一旦」は名詞から「ひとたび」を意味する副詞に転じて、「アレハ」にかかります。意味が逆になる「緩」と「急」を合成した名詞の「緩急」は、「緩急をつける」となれば両方の意味ですが、ここでは「急」に重きをおいて、「緊急事態」を意味します。「アレハ」は古典文法では、ラ行変格活用の自動詞「アリ」の已然形の「アレ」に接続助詞の「ハ」が続いたとみます。已然形に続く「ハ」は、順接の確定条件（～なので、～だから）や、恒常的な条件（～のときはいつも）を示します。しかしこれでは「ひとたび緊急事態があるので」や「ひとたび緊急事態のときはいつも」という怪しい日本語となって、文法的に誤りだとなり、已然形の「アレ」を未然形の「アラ」に直して、未然形に続く「ハ」として順接の仮定条件（～ならば、～の場合は）として「アラハ」としたくなります。これなら「ひとたび緊急事態の場合は」

となって普通に理解できます。このため、古典文法を知っている教師たちが訂正して読んだり、文法の誤りを指摘したりして、第2部に述べるような不敬事件の原因になっていきます。

不敬の汚名を着せられた教師には申しわけないのですが、古典文法は平安時代の古典を規範としたもので、時代や場所によって文法はさまざまに変化します。漢文訓読調では、現代文法の未然形と同じ意味で、「アレ」に続く「ハ」で順接の仮定条件を示します。これは「レバ則」という名前で知られるもので、漢文を訓読するときに今も昔も知られた文法です。そのようなわけで、「アレハ」は漢文訓読の文法により、ラ行変格活用の自動詞「アリ」の古典文法の已然形を、現代文法の五段活用の仮定形の「アレ」と同様に理解して、順接の仮定条件を示す接続助詞の「ハ」が続いたとみます。聖訓報告の「決定事項」に、「「一旦緩急アレハ」の「アレハ」は「あつたときには」の意である。」とあるのも、この漢文訓読調による順接の仮定条件という解釈を示しています。

「義勇」は名詞ですが、ここでは状態を示す副詞として解釈して、「義勇の状態で」「大義に勇気をふるって」とみます。「公」は名詞で、格助詞「ニ」を添えて目的を示し、サ行変格活用の自動詞「奉ス」の連用形「奉シ」にかかります。これは、ここまで出た四つの対句のセットとは文法的な構造が異なっていますが、長さを整えて並列していると読み取れます。つまり五つめのセットとして、最後の「以テ天壌無窮ノ皇運ヲ扶翼スヘシ」にかかります。

「緩急」つまり非常事態は、明治の国家では、戦争を想定していると考えるべきでしょう。教育勅語の一八九〇（明治二三）年には、維新から士族反乱までの内戦の記憶は鮮明ですし、一八九四年の日清戦争の前ですが、一八七四年の台湾出兵や朝鮮での利権をめぐる争いは知られています。もちろん、日清、日露と戦争を重ねるなかで、「緩急」としての戦争は具体的なイメージを強めたでしょう。聖訓報告の「語句釈義」に、「緩急」は「危急変乱をいふ。」とあります。

「義勇」は、『論語』（為政篇《いせいへん》）の「義《ぎ》を見《み》て為《せ》ざるは勇無《ゆうな》き也《なり》」（正義を理解しているのに何もしないのは、勇気がないことになる）を典拠にします。中国の宋王朝では民衆を動員して兵士とする「義勇」という制度があり、近代でも志願兵、つまりボランティアの兵士を義勇軍という言葉が残ります。ただし、ここでは明治の国民皆兵制度を前提として、徴兵制の状態を示しています。聖訓報告の「語句釈義」に、「義勇」は「義にかなつた勇気。」とあります。

「公ニ奉シ」を「奉公」とまとめると、出勤や奉仕に近い意味になりますが、ここでは「公」に身を捧げるという重い意味に取るべきです。「公」という言葉は、先に「公益」の言葉では、みんなにオープンになったものという、公園、公共交通に通じる「公」の意味を確認しましたが、ここでは国家の意味で使われています。中国古代の五爵《ごしゃく》（公爵、侯爵、伯爵、子爵、男爵）をはじめ官職としての「公」の用例があり、日本では「公」を「おおやけ」つまり大きな家と訓読するように、国家の意味にもなるわけです。聖訓報告の「語句釈義」に、「公ニ奉シ」は「皇室国家の為に尽くすことである。」とあります。

非常事態のときに大義へ勇気をふるって国家につくすという徳目は、戦争を集会で決定して参加する古代ギリシャやローマの市民たちや、みずからの利益や威信をかけて戦う東西の貴族や戦士たちには当てはまるでしょう。しかし、すべての国民が愛国心をもって国家に兵士として参加するというのは、近代市民社会や近代国家が欧米で成立してからであり、日本では明治の徴兵制以来です。もちろん、洋の東西を問わず戦争には民衆が動員されますが、制度として動員されるわけで、徴兵制の道徳的基盤としての愛国心をもつためにも、徳目として記されているわけです。

【以《もつ》《モツ》テ《て》天壌《てんじょう》《テンジヤウ》無《む》《ム》窮《きゅう》《キユウ》ノ《の》皇運《こううん》《クワウウン》ヲ《を》扶翼《ふよく》《フヨク》ス《す》ヘ《べ》シ《し》。】

現代語訳　そうして天と地とともに無限に続く皇室の運命を翼賛すべきである。

文法　「以テ」は夕行四段活用の他動詞「以ツ」の連用形に順接でつなぐ格助詞の「テ」がつながり、漢文訓読調の文章としては、漢文の「以」という文章をつなぐ助字です。「以テ」は、理由や手段を示す重い意味をもったり、軽く語調を整えるために用いたりします。「以テ智能ヲ啓発シ徳器ヲ成就シ」の「以テ」は、「進ンテ」「常ニ」という対句の語調を整える意味があり、さらに理由や手段を表します。しかしここでは、「父母ニ孝ニ」から始まるすべての徳目を受けて、つなぐ対象が第三文の内容全般になります。「以テ」の前の手段でもって、その後の目的につながります。連用形を中心につながっていたすべての徳目を受けて、最後の終止形の「天壌無窮ノ皇運ヲ扶翼スヘシ」へとつなぐわけです。「天壌無窮」は名詞で、格助詞の「ノ」に続いて、名詞の「皇運」を修飾します。「天壌無窮ノ皇運」は格助詞の「ヲ」によって、サ行変格活用の他動詞「扶翼ス」の目的語となり、終止形の「扶翼ス」に義務を示す助動詞の「ヘシ」の終止形が続きます。「扶翼スヘシ」の主語は第三文冒頭の「爾臣民」ですから、「爾臣民」は、ここまで述べたすべての徳目を実行して、「以テ」、「天壌無窮」であるところの「皇運」を「扶翼」することが義務であるとなるわけです。

「天壌無窮」は直接には『日本書紀』神代巻《しんだいかん》にある天照大神が皇室の祖先になる天津彦《あまつひこ》彦火《ひこほの》瓊《に》瓊杵尊《にぎのみこと》に下して発した天壌無窮の神勅を出典とします。今日でも役人が民間に降りる「天下《あまくだ》り」という言葉がありますが、高天原《たかまがはら》から神の子孫が地上に降りる天下り、天孫降臨《てんそんこうりん》の場面の言葉です。『日本書紀』は、漢文を基調に、平安古典文法よりも昔の日本語で訓読しますが、その神勅は次のとおりです。「葦原《あしはらの》千《ち》五《い》百《ほ》秋《あき》之《の》瑞穂国《みづほのくには》、是吾《これわが》子孫《うみのこの》可王《きみたるべき》之地《くに》也《なり》。爾《いまし》皇孫《すめみま》、就《いで》而《まして》治焉《しらせ》。行矣《さきくませ》。宝祚《あまのひつぎ》之《の》隆《さかえまさむこと》、当《まさに》与天《あめ》壌《つちと》無窮者矣《きはまりなけむ》。」（葦原の実り豊かな瑞穂の国は、吾が子孫が王となるべき地である。あなた、皇孫が、行って統治しなさい。行ってらっしゃい。皇孫の隆盛は、まさに天や地のように窮まりがないでしょう。）

この天壌無窮の神勅は、江戸時代の水戸学などでも多く引用されましたので、教育勅語の「天壌無窮」という四字熟語が出ても、明治の知識人に理解されたわけです。天照大神が天孫の瓊瓊杵尊に下したというと由緒正しく感じますが、実際にはこれ以外にも多くの神勅があり、日本の神様が語ったわりには、中国の古典を多く引用しているという点は長くなるので第2部で説明します。

天壌や無窮という熟語は前漢の百科全書的な古典である『淮南子《えなんじ》』に頻出する言葉として古代から知られていたので、『日本書紀』に引用されたと考えられます。

「皇運」は、天皇や皇室の運命を意味して、「扶翼」は翼のように扶《たす》けることを意味します。明治期には国家有機体説という、天皇を頭とする身体として日本を表現する発想が多く見られます。「股肱《ここう》」の臣つまり手足のような臣下といった表現です。ここでは臣民は、鳥の翼として記述されていることになります。すでに発表されていた軍人勅諭にも、「股肱」や「鴻毛《こうもう》」という身体や動物のパーツに比喩する表現が用いられていました。

この「天壌無窮」の皇運扶翼に、それ以前のすべての徳目がつながっていくのが、第三文の構造です。ここまで見たとおり、徳目は見事なまで対句を形成して描かれています。しかも単調にならずに、適当な変化をつけて進んでいきます。こうした流れが最後に皇運扶翼へと結節するわけです。

■第三文の構造

爾臣民、

父母ニ孝ニ、
兄弟ニ友ニ、〔対句〕

夫婦相和シ、
朋友相信シ、〔対句〕

恭倹己レヲ持シ、
博愛衆ニ及ホシ、〔対句〕

学ヲ修メ　業ヲ習ヒ、
以テ…智能ヲ啓発シ　徳器ヲ成就シ、
進テ…公益ヲ広メ　世務ヲ開キ、
常ニ…国憲ヲ重シ　国法ニ遵ヒ、
一旦緩急アレハ…　義勇公ニ奉シ、〔対句〕

以テ天壌無窮ノ皇運ヲ扶翼スヘシ。

ここに第三文の徳目の本領があります。古代中国の儒教道徳である五倫を中心に整理して、次に西洋近代の個人や社会の道徳を列記し、最後は日本書紀の神話から天照大神の天壌無窮の神勅に至るわけです。

第四文　「忠」と「孝」をまとめあげる

是《かく》《カク》ノ《の》如《ごと》《ゴト》キ《き》ハ《は》、独《ひと》《ヒト》リ《り》朕《ちん》《チン》カ《が》忠良《ちゅうりょう》《チユウリヤウ》ノ《の》臣民《しんみん》《シンミン》タ《た》ル《る》ノ《の》ミ《み》ナ《な》ラ《ら》ス《ず》、又《また》《マタ》以《もっ》《モツ》テ《て》爾《なんじ》《ナンヂ》祖先《そせん》《ソセン》ノ《の》遺風《いふう》《ヰフウ》ヲ《を》顕彰《けんしょう》《ケンシヤウ》ス《す》ル《る》ニ《に》足《た》《タ》ラ《ら》ン《ん》。

現代語訳　こうしたことは、ただ天皇である私の忠実で順良な臣民であるだけではなく、またそうして汝らの祖先の遺《のこ》した美風を顕彰することにもなるであろう。

この第四文は、第三文に列記した徳目を守ることが、明治天皇から現在の臣民に命じられたことを守るだけではなく、第二文でみた過去の臣民が残した美風の顕彰にもなると述べています。

【是《かく》《カク》ノ《の》如《ごと》《ゴト》キ《き》ハ《は》、】

現代語訳　こうしたことは、

文法　「是」は副詞で、「こう」「そう」と状態などを指示して、「如キ」を修飾します。ここでは直前の第三文の内容をさしています。「ノ」は格助詞で副詞「是」を受けて、「如キ」につないでおり、「かくのごとし」（このようなものだ）は慣用句です。「如キ」は助動詞「如シ」の連体形で、「〜のようだ」を意味して、ここでは連体形で止めて「このような（こと）」の「コト」を省略して以下の文章の主語になります。「ハ」は係助詞で主題を示します。

「こうしたことは」という形で、直前の第三文で示された徳目を示していることは明確ですが、続く文章が第一文と第二文を踏まえて記されているので、第一段を総括する構造的な文章をつくりあげています。

【独《ひと》《ヒト》リ《り》朕《ちん》《チン》カ《が》忠良《ちゅうりょう》《チユウリヤウ》ノ《の》臣民《しんみん》《シンミン》タ《た》ル《る》ノ《の》ミ《み》ナ《な》ラ《ら》ス《ず》、】

現代語訳　ただ天皇である私の忠実で順良な臣民であるだけではなく、

文法 「独り」は副詞として「ただ単に～ではない」と否定をともなう慣用句になりますが、ここでは「ノミナラス」と呼応しています。「朕」は第一文冒頭と同じ君主の一人称の代名詞で、明治天皇睦仁がみずからを呼び、格助詞「カ」は所有・関係を示して、「天皇である私の」として「臣民」を修飾します。名詞「忠良」は、類似する二つの文字を並べて忠であり同時に良である状態を示して、格助詞「ノ」によって名詞「臣民」を修飾します。「タル」は助動詞「タリ」の連体形で「である」「として存在する」を意味します。副助詞「ノミ」は「だけ」「ばかり」を意味します。「ナラ」は助動詞「ナリ」の未然形で「である」を意味して、「ス」にかかり、「ス」は打ち消しの助動詞「ヌ」連用形です。「ノミナラス」は「だけではなく」を意味する慣用句です。この文章は主語は、「是ノ如キハ」を受けて、文意からは第三文の「爾臣民」を主語として、この文章を述部としています。

第三文で「爾臣民」と呼ばれた現在の臣民が、第三文の徳目を遵守すれば、将来に「朕カ忠良ノ臣民」になるという文章です。「独リ～タルノミナラス」の構文で「ただ～であるだけではなく」として、次の文章を意識的に際立たせる対照する構文です。

【又《また》《マタ》以《もつ》《モツ》テ《て》爾《なんじ》《ナンヂ》祖《そ》《ソ》先《せん》《セン》ノ《の》遺《い》《ヰ》風《ふう》《フウ》ヲ《を》】

現代語訳　またそうして汝らの祖先の遺した美風を

文法　副詞「又」は、文末の「足ラン」を修飾します。「以テ」は接続詞として「それによって」として、「第三文の徳目を守ることによって」という意味を示しています。ただし漢文訓読調の文章としては「又以テ」として直前の語句と以後の語句を対照させて語調を整えています。「爾」は対称つまり二人称の代名詞として、第三文の「爾臣民」と同じく現在の臣民を指さしています。これを主語とみることも可能ですが、「爾の」として格助詞「ノ」の重複を避けて省略して、「祖先」を修飾しています。名詞の「祖先」は、第二文で登場した「我カ臣民」と同じ過去の臣民です。格助詞「ノ」で名詞「遺風」を修飾して、格助詞「ヲ」で「顕彰スル」の目的語になります。

「独リ~タルノミラス」の構文と、「又以テ」からの構文が対句となっています。現在の臣民が将来の忠良の臣民になることに対して、過去の臣民の「遺風」が対比されます。遺した風俗、いわばレガシーとしての美風は、第二文で「世世厥ノ美ヲ済セル」と強調された「忠」と「孝」、さらに「国体ノ精華」にして「教育ノ淵源」となったものです。「祖先ノ遺風」によって、二つ前の文を想起させて、現在の徳目と結合しています。また、続く第五文にある天皇の祖先による「遺訓」とも対照できる言葉になっています。

【顕彰《けんしょう》《ケンシヤウ》スル《する》ニ《に》足《た》《タ》ラン《らん》。】

現代語訳　顕彰することにもなるであろう。

文法　「爾祖先ノ遺風ヲ」という目的語をもつ「顕彰スル」は、サ行変格活用の他動詞「顕彰ス」の連体形で「顕彰スルコト」を省略しています。格助詞「ニ」は「~するという観点において」と視点を示して、「足ラン」につなげます。「足ラ」はラ行四段活用の自動詞「足ル」の未然形で、未然形を受けて意志や希望を表す助動詞「ム」の終止形につながります。「ム」は撥音便で「ン」となっています。

「顕彰」は現代語でも「功績の顕彰」など重みのある言葉として使われますので、「顕彰すること」と現代語で理解して、「足りるだろう」は否定的にも思えるので、「なるであろう」としました。聖訓報告の「語句釈義」に、「顕彰」は「あらはすこと。」とあります。

この第四文のつながりをみると、次のようになります。

■ **第四文の構造**

是ノ如キハ、
　独リ　朕カ忠良ノ臣民タルノミナラス、
　又以テ　爾祖先ノ遺風ヲ顕彰スルニ足ラン。
〔対比〕

まず、「是ノ如キハ」と第三文の徳目を受けて、これを守っていけば、「朕カ忠良ノ臣民」という未来の効果となり、さらに「爾祖先ノ遺風ヲ顕彰スル」という過去への効果になるという、二つの効果が発生するという文章です。第一文で登場した天皇の祖先に対して、第二文で登場した臣民の祖先が忠誠を尽くしたという文脈が、この第四文でつながるわけです。

儒教的な常識としては、主君への忠と親への孝は異なる徳目です。たとえば、祖先が天皇に反逆していれば、祖先への孝は、天皇への不忠になるわけです。もちろん古事記や日本書紀の神話から実際の歴史まで、こうした政争や内乱は枚挙にいとまがないわけですが、教育勅語は第二文で臣民の祖先は天皇の祖先に忠誠を尽くしてきたと言いきったので、忠孝は一致するわけです。第三文のとおりに明治天皇の徳目に従えば、その忠は、そのまま、祖先への孝になるというわけです。

第五文

全世界が戴く勅語の真理

斯《この》《コ》ノ道《みち》《ミチ》ハ、実《じつ》《ジツ》ニ我《わ》《ワ》カ《が》皇《こう》《クワウ》祖《そ》《ソ》皇《こう》《クワウ》宗《そう》《ソウ》ノ遺《い》《ヰ》訓《くん》《クン》ニシテ、
子《し》《シ》孫《そん》《ソン》臣《しん》《シン》民《みん》《ミン》ノ倶《とも》《トモ》ニ遵《じゅん》《ジュン》守《しゅ》《シュ》スヘ《べ》キ所《ところ》《トコロ》、
之《これ》《コレ》ヲ古《こ》《コ》今《こん》《コン》ニ通《つう》《ツウ》シ《じ》テ謬《あやま》《アヤマ》ラス《ず》、之《これ》《コレ》ヲ中《ちゅう》外《がい》《チユウグワイ》ニ施《ほどこ》《ホドコ》シテ悖《もと》《モト》ラス《ず》。

現代語訳 ここに示した道徳は、実に私の祖先である神々や歴代天皇の遺した教訓であり、天皇の子孫も臣民もともに守り従うべきところであり、これを現在と過去を通して誤謬はなく、これを国の内外に適用しても間違いはない。

ここからが第二段落となる第五文です。第一段落を受けた「斯ノ道」と呼んで、これこれが将来も守るべきものであり、かつ普遍性があるといいます。

【斯《コ》《この》ノ道《ミチ》《みち》ハ《は》、】

現代語訳 ここに示した道徳は、

文法 「斯」は、近くを示す代名詞で、直前の文章を指して、格助詞の「の」に続いて、「道」を修飾します。「ハ」は係助詞として主題を示して、これからの文章が「斯ノ道」についての文章となります。

「斯道《しどう》」というときの「このみち」は、道徳自体を示したり、特定分野を強調したりする言葉ですが、ここではそうしたイメージを持ちつつも、直前の部の文章を指す指示語と考えます。もちろん、第三文が徳目を示していますので、それを指していると考えてよいでしょう。また、第一文から第四文までの第一段落が道徳の起源なども含めての説明ですから、段落全体の内容を指していると考えることもできます。聖訓報告の「語句釈義」に、「斯ノ道」は「前節を通じてお示しになつた皇国の道であつて、直接には「父母ニ孝ニ」以下「天壌無窮ノ皇運ヲ扶翼スヘシ」までを指す。」とありますが、無理のない解釈です。

実はこの解釈が、第2部でも説明するように、一九三九（昭和一四）年に文部省の「聖訓ノ述義ニ関スル協議会」で高名な学者が大論争をした大問題だったのです。ここで確定した解釈によって、「斯ノ道」を「皇国ノ道」と読みかえて用いました。こうして、日本中の小学校を国民学校と改称して学校教育の目的として掲げる体制を徹底したのが太平洋戦争の始まる一九四一（昭和一六）年のことでした。

なにが論争かをすこし述べておくと、第三文は「以テ天壌無窮ノ皇運ヲ扶翼スヘシ」でまとめています。天皇や皇室に忠誠を尽くすのは、あくまでも日本にいる臣民の道徳です。ところが、それを受けた「斯ノ道」は、これから読むように世界各国に通用すると書いてあるのです。ですから、そんなわけはないので解釈を変えて、「以テ天壌無窮ノ皇運ヲ扶翼スヘシ」は入らないと、明治の国定第二期修身教科書では明示したのです。ところが、海外に植民地を増やしていくと、海外でも通用するという議論にもなってくるわけです。まさに歴史のなかで変化する解釈だったわけです。

【実《じつ》《ジツ》ニ《に》我《わ》《ワ》カ《が》皇祖皇宗《こうそこうそう》《クワウソクワウソウ》ノ《の》遺訓《いくん》《ヰクン》ニシテ《にして》、】

現代語訳　実に私の祖先である神々や歴代天皇の遺した教訓であり、

文法　「実ニ」は副詞で「確実に」「本当に」という意味で、「ニシテ」にかかります。一人称の代名詞「我」に所有や関係を表す助詞の「ガ」がついて第一文で登場した名詞「皇祖皇宗」を修飾します。この「我カ」は、「天皇である私の」の意味です。さらに格助詞「ノ」に続いて、名詞「遺訓」を修飾します。「遺した教訓」というのは、第一文で天皇の祖先が確立した道徳を示します。「ニシテ」は断定の助動詞「ナリ」の連用形に、サ行変格活用の自動詞「ス」の連用形「シ」が続いて、接続助詞「テ」で、「〜であって」という意味になって、さらに続きます。

教育勅語の徳目を、「斯ノ道」で受けて、これが皇祖皇宗の「遺訓」であるとまとめています。「遺訓」であることは、第一文で皇祖皇宗が建国して道徳を樹立したという文章を踏まえています。この遺訓がまた、直前の第四文で示した臣民の祖先による「遺風」とも呼応しています。つまり、「遺風」と「遺訓」を前提にして、続く文言、「子孫臣民」の意味が明確になります。

【子孫《しそん》《シソン》臣民《しんみん》《シンミン》ノ《の》倶《とも》《トモ》ニ《に》遵守《じゅんしゅ》《ジュンシュ》ス《す》ヘ《べ》キ《き》所《ところ》《トコロ》、】

現代語訳 天皇の子孫も臣民もともに守り従うべきところであり、

文法 名詞「子孫」と名詞「臣民」は「子孫と臣民」という意味です。格助詞の「ノ」は主語を示し、副詞「倶二」とともに「遵守スヘキ」にかかります。サ行変格活用の自動詞「遵守ス」の終止形に、義務をあらわす助動詞「ヘシ」の連体形「ヘキ」が続いて名詞「所」を修飾します。「所」は漢文訓読調で一般的な「もの」を意味する言葉ですが、ここで体言止めで終わるのはなく、「所ニシテ」と文章が続いています。

「子孫臣民」は、分解すると「子」と「孫」と「臣」と「民」と考えることもできます。しかし、「子孫」は孫以下の世代も含める熟語とみるのが自然です。中国古典で「臣民」は「臣下と民衆」ですが、大日本帝国憲法では「臣下たる民衆」、つまり国民と同義語になります。ですから「天皇の子孫と臣民」と理解します。

日本の民衆は天皇の子孫であるという「天皇の赤子《せきし》」という表現があります。こうした譬喩《ひゆ》は、源氏や平氏など王氏の末裔《まつえい》と家系を誇る古代末期から広がった考えや、明治期に広がる国家を家族とする家族主義国家観、国家を生命体とみる国家有機体説によって理解されました。このため、「子孫臣民」という言葉には、一体的なイメージも感じられます。

ただ、大日本帝国憲法に付された憲法公布文には「朕カ子孫及ヒ臣民」という教育勅語のこの箇所の元になる表現がありますから、「天皇の子孫と臣民」が井上毅ら起案者の意図だったでしょう。

聖訓報告の「語句釈義」に、「子孫」は「皇祖皇宗の御子孫である。」とあります。ただ聖訓報告の「決定事項」に、「「子孫臣民」については、「天皇の子孫臣民」と拝することも出来るが、尚《なお》研究を要する。」と、深い疑問があるかのようにも書いてあります。

【之《これ》《コレ》ヲ《を》古今《ここん》《ココン》ニ《に》通《つう》《ツウ》シ《じ》テ《て》謬《あやま》《アヤマ》ラ《ら》ス《ず》、】

現代語訳 これを現在と過去を通して誤謬はなく、

文法 「之」は近いものを示す代名詞ですが、漢文訓読調での「之」は、ここまでに出た「斯」や「是」と比較して漢文で動詞の後に軽く添える、ほとんど意味のない「之」から出ています。こうして重い「斯ノ道」を軽くくりかえしていることになります。格助詞「ヲ」で「通シテ」の目的語を示します。名詞「古今」に格助詞「ニ」で時間を示しますが、さらに同じ意味をサ行変格活用の他動詞「通ス」の連用形

「通シ」に接続助詞「テ」を重ねることで、「古今ニ通シテ」という言葉が重みを持ちます。これがラ行四段活用の自動詞「謬ル」の未然形「謬ラ」に否定を意味する助動詞「ス」の連用形「ス」が続いて、「誤謬はなく」という意味になります。

聖訓報告の「語句釈義」に、「古今」は「過去及び現在である。」とあります。「今」は、文脈としては「未来」をも含んでいるように読みとれます。いずれにせよ時間に関係なく、「斯ノ道」は、「謬ラス」ということですから、時間的無謬《むびゅう》性を主張していることになります。そう言われると理解してしまいますが、ここまでの文脈と徳目を読みとってきた視点からすると、古代儒教の道徳や近代西洋市民社会の道徳は歴史の産物ですから、時間を超えて無謬だという論理には飛躍があります。

【之《これ》《コレ》ヲ《を》中外《ちゅうがい》《チユウグワイ》ニ《に》施《ほどこ》《ホドコ》シ《し》テ《て》悖《もと》《モト》ラ《ら》ス《ず》。】

現代語訳 これを国の内外に適用しても間違いはない。

文法 直前の「之ヲ古今ニ通シテ謬ラス」と文法でも内容でも、みごとに対句を形成しています。「之ヲ」は同じく「斯ノ道」を受けて、名詞「中外」に格助詞「ニ」で場所を示して、サ行変格活用の他動詞「施ス」の連用形「施シ」に接続助詞「テ」を重ねることで、「中外ニ施シテ」という言葉が重みを持ちます。ラ行四段活用の自動詞「悖ル」の未然形「悖ラ」に否定を意味する助動詞「ス」の終止形「ス」が続いて、「間違いはない」という意味になります。

「中外」は、現在では国の「内外」のほうが分かりやすい言葉です。聖訓報告の「語句釈義」に、「中外」は「我が国及び外国である。」とあります。「古今」が時間を指し、この「中外」は空間を指しますので、「斯ノ道」の空間的無謬性の主張です。私たちが、道徳というものは多様だと感じるように、明治期の日本人もさすがに「天壌無窮ノ皇運ヲ扶翼スヘシ」と都合よく世界各国が日本の天皇のために尽くしてくると考えるほどは夢見がちではありませんでした。これが「斯ノ道」はどの徳目まで含めるかという論争になるわけです。聖訓報告の「語句釈義」に、「悖」は「逆である。」とあり、「謬」と同義で使われています。つまり「間違いない」という意味です。

第五文も対句で構成されています。とくに、後半は意識的に対を形成しています。

■第五文の構造

斯ノ道ハ、
実ニ我カ皇祖皇宗ノ遺訓ニシテ、
子孫臣民ノ倶ニ遵守スヘキ所、〔対比〕
＝
之ヲ　古今ニ　通シテ　謬ラス、
之ヲ　中外ニ　施シテ　悖ラス。〔対句〕

この第五文の眼目は、「古今」と「中外」の無謬性の主張、つまり、「斯ノ道」と総括された教育勅語の徳目が時間的無謬性と空間的無謬性をもつと主張することにあります。この主張は近代国家形成の途上に井上毅と元田永孚が起草しているときには、熱気のようなものでリアリティを感じずに一気に宣言できたのでしょうが、植民地を持ちはじめた明治後期にはどこまで通用するか逡巡せざるをえない言葉でしたし、総力戦を準備する時代には起草段階とは異なる時間と空間のなかで言い切ることにもなったのでしょう。くわしくは第2部でもう一度考えてみます。

第六文　朕の希望をすすんで体せよ

朕《ちん》《チン》爾《なんじ》《ナンジ》臣《しん》《シン》民《みん》《ミン》ト《と》倶《とも》《トモ》ニ《に》拳《けん》《ケン》拳《けん》《ケン》服《ふく》《フク》膺《よう》《ヨウ》シ《し》テ《て》、
咸《みな》《ミナ》其《その》《ソノ》徳《とく》《トク》ヲ《を》一《いつ》《イツ》ニ《に》セ《せ》ン《ん》コ《こ》ト《と》ヲ《を》庶《こい》《コヒ》幾《ねが》《ネガ》フ《う》。
明《めい》《メイ》治《じ》《ヂ》二《に》《ニ》十《じゅう》《ジフ》三《さん》《サン》年《ねん》《ネン》十《じゅう》《ジフ》月《がつ》《グワツ》三《さん》《サン》十《じゅう》《ジフ》日《にち》《ニチ》
睦《むつ》仁《ひと》　天《てん》皇《のう》御《ぎょ》璽《じ》　〔御《ぎょ》《ギヨ》名《めい》《メイ》御《ぎょ》《ギヨ》璽《じ》《ジ》〕

現代語訳　天皇である私は、汝ら臣民とともにしっかりと体得して、みんなでその道徳を一つにすることを期待するものである。

第六文で、臣民にあらためて呼びかけて、この教育勅語を終えます。

【朕《ちん》《チン》爾《なんじ》《ナンヂ》臣民《しんみん》《シンミン》ト《と》倶《とも》《トモ》ニ《に》】

現代語訳 天皇である私は、汝ら臣民とともに

文法 「朕」は第一文冒頭と同じく君主の一人称で、「天皇である私は」という主語です。「朕」と「我」の使い分けは、重い「朕」という言葉を冒頭と最後に置くことで強調する意図が伝わります。二人称の代名詞「爾」と「臣民」と同義において、格助詞「ト」と副詞「倶ニ」につなげて「拳拳服膺シテ」を修飾します。第五文にあった「子孫臣民ト倶ニ」と類似する表現ですが、第五文は未来の子孫や臣民であるのに対して、こちらは明治天皇が呼びかけた現在の臣民です。

天皇が臣民と一緒になって道徳を守るという表現で、ひじょうに平等にも読み取れます。たしかに天皇も臣民も先祖に孝を尽くすという方向では「倶ニ」同じです。しかしここまで読みとったように、その徳目が集約するのは皇運扶翼を眼目とした、臣民から天皇に奉仕する道徳ですから、天皇と臣民の立場が異なるのは前提となっています。

【拳拳服膺《けんけんふくよう》《ケンケンフクヨウ》シ《し》テ《て》、】

現代語訳 しっかりと体得して、

文法 手の「拳」を重ねて堅く奉じるイメージを持たせ、この名詞「拳拳」を副詞的に名詞「服膺」に重ねます。「服」は衣服のように身につけ、「膺」は鳥がひな鳥を胸に懐くことですので、大切に身につけることです。この四文字に「ス」を加えてサ行変格活用の自動詞「拳拳服膺ス」を造語して、連用形「拳拳服膺シ」に接続助詞「テ」を加えて文章を続けています。

儒教では、極端を嫌ってバランス感覚のある道徳を重んじることを中庸《ちゅうよう》として強調しますが、儒教の経典である『中庸』に「中庸を撰《えら》び一善を得て則ち拳拳服膺す」（中庸を得た道徳を選んで、この道徳を得て、両手や衣服のように身につけていく）と、出典でも「拳拳服膺」と拳の文字を重ねて書いています。東大蔵勅語では「拳拳服膺」ですが、官報版勅語で「拳々服膺」と反復記号の「々」になっていますが、出典からも「拳拳服膺」が望ましいですね。聖訓報告の「語句釈義」に、「拳々服膺」は「拳々は捧持《ほうじ》の貌《かたち》、服膺とは胸に着ける義である。拳々服膺とは、両手で物を大切に持つて胸に着けるやうに遵守するをいふ。」とあります。いずれにせよ、身体の一部になるほどの状態ですから、しっかりと体得するという意味で理解できます。

【咸《みな》《ミナ》其《その》《ソノ》徳《とく》《トク》ヲ《を》一《いつ》《イツ》ニ《に》セ《せ》ン《ん》コ《こ》ト《と》ヲ《を》】

現代語訳 みんなでその道徳を一つにすることを

文法 名詞「咸」は、爾臣民の「みんな」を指して主語として文脈上は朕も含みこんで、代名詞「ソ」に格助詞「ノ」を加えた「其」で名詞「徳」を修飾して「ここで述べた道徳」とします。格助詞「ヲ」をつけて目的語として、名詞「一」に格助詞「ニ」と動詞「ス」で合成された「一ニス」というサ行変格活用の他動詞で受けて、この未然形「一ニセ」に希望を示す助動詞「ム」の連体形「ム」の撥音便「ン」が、名詞「コト」に続いて、格助詞「ヲ」で続く「庶幾フ」の目的語とします。

第一文で天皇の祖先による「徳」の樹立が述べられ、第二文で臣民の祖先による「心ヲ一ニシテ」という状態が述べられたので、この「徳」と「一ニシテ」という表現が、ここで、将来にむけての天皇と臣民のあり方としてふたたび登場しています。文章の構造だけではなく、こうしたキーワードをくりかえすことも、工夫された文章と評価できます。聖訓報告の「語句釈義」に、「咸」は「皆である。」とあり、「其徳ヲ一ニセン」は「この道を体得して同じく身につけようとの意である。」とあります。『書経』の咸有一徳篇《かんゆういっとくへん》にある、篇名のとおり「咸《みな》、一徳有《いっとくあ》り」（だれにでも一つのよい徳がある）として、「君も臣も同じ徳がある」と読める文章が出典です。ただ、これは各自に「一つの徳がある」と素直に読めるので、この典拠にこだわると議論が分かれます。このため、聖訓報告の「決定事項」に、「「徳ヲ一ニセン」については「咸有一徳」の一徳ではないものと解し奉る。」として、出典であることを取り消しています。文意からはたしかに古典を出典としながらも、第一文と第二文を踏まえて「道徳を一つにする」と統一する意味で書いていると読むべきでしょう。

教育勅語はここまで、天皇の祖先も臣民の祖先も道徳的であったと述べていたのですが、現実にはそうではないから、道徳を一つにして、一致団結することを呼びかけるわけですね。

【庶《こい》《コヒ》幾《ねが》《ネガ》フ《う》。】

現代語訳 期待するものである。

文法 ハ行四段活用の他動詞「コフ」の連用形「コヒ」とハ行四段活用の他動詞「ネガフ」を合成した「コヒネガフ」の終止形で、漢語の「庶幾」を当てはめています。「庶」と「幾」はともに「強く願う」と「近い」という意味があり、ここでは「強く願う」という意味を重ねて、一層の強調になります。

教育勅語の最後は命令形ではなく、希望を示す動詞が意識的に用いられています。この第六文は未来のことですから、「扶翼スヘシ」と命令で示した第三文の末尾ではなく、希望をしめす文末が合致します。聖訓報告の「語句釈義」に、「庶幾フ」は「冀ひ望むの義。」とあります。

■ **第六文の構造**

（朕　爾＝臣民）　ト倶ニ　拳拳服膺シテ、

咸　＝　其徳ヲ一ニセンコトヲ　庶幾フ。

〔日付　署名捺印〕

【明治《めいじ》《メイヂ》二十《にじゅう》《ジフ》三《さん》《サン》年《ねん》《ネン》十《じゅう》《ジフ》月《がつ》《グワツ》三《さん》《サン》十《じゅう》《ジフ》日《にち》《ニチ》】

現代語訳　一八九〇（明治二三）年十月三十日

文法　名詞で太陽暦による年月日を示します。

【睦仁《むつひと》　天皇御璽《てんのうぎょじ》　〔御名御璽《ぎょめいぎょじ》《ギョメイギヨジ》〕】

現代語訳　睦仁　天皇御璽

文法　人名の名詞として「睦仁」に、朱印の印影の「天皇御璽」という名詞です。諱と天皇御璽を表現する熟語が「御名御璽」です。

東大蔵勅語では本人が「睦仁」と名前（諱《いみな》）を示して、侍従に朱印の「天皇御璽」を押させています。官報版勅語では、これを「御名御璽」と示します。この諱と天皇御璽を「御名御璽」と置き換えることは、日本国憲法に定める天皇の国事行為として『官報』に法律を公示するときにも継続され、現在も「御名御璽」と置きかえます。

〔朝鮮版勅語追加部分〕

朕《ちん》曩《さき》ニ《に》教育《きょういく》ニ《に》関《かん》シ《し》宣諭《せんゆ》スル《する》トコロ《ところ》
今茲《いまここ》ニ《に》朝鮮総督《ちょうせんそうとく》ニ《に》下付《かふ》ス《す》

日本の植民地であった朝鮮では、あらためて一九一一（明治四四）年一〇月二四日に朝鮮総督に教育勅語を渡すかたちで、朝鮮版勅語が出されました。翌年一九一二（明治四五）年一月一九日の『官報』第八五七二号に、朝鮮の学校に謄本を置いて式日に奉読することを求めた、朝鮮総督の寺内正毅《てらうちまさたけ》による訓令第一号とあわせて掲載されます。本文文字数二六文字が加わりますが、こちらは国定教科書などには収録されていません。

現代語訳　天皇である私は先に教育に関して宣《の》べ諭《さと》したところがあるが、これを今ここに、朝鮮総督に下付する。

文法　君主の自称・一人称の「朕」を主語として、「曩ニ」という副詞や、名詞の「教育」に格助詞の「ニ」とサ行変格活用の自動詞「関ス」の連用形「関シ」が続き、サ行変格活用の他動詞「宣諭ス」の連体形「宣諭スル」が名詞の「トコロ」を修飾して、「曩ニ教育ニ関シ宣諭スルトコロ」という名詞句が、「下付ス」の目的語となります。「今」は副詞、場所を示す代名詞「茲」に格助詞「ニ」が続き、固有名詞「朝鮮総督」に格助詞「ニ」が続いて、サ行変格活用の他動詞「下付ス」の終止形で終ります。「先に」の意味を「曩ニ」と重々しく書いています。

このころにはすでに「教育ニ関スル勅語」や「教育勅語」という言葉が定着しているのですが、そう呼ばずに、あえて崩して「曩ニ教育ニ関シ宣諭スルトコロ」と呼んでいます。「宣諭」は、宣言して、教諭するという意味です。朝鮮は一九一〇（明治四三）年の日韓併合条約で日本の植民地となりましたが、一九一一（明治四四）年に朝鮮教育令が公布されるにあたって教育勅語があらためて出されたわけです。日本の支配下にありながらも、もともとの朝鮮の住民には大日本帝国憲法は適用されていませんので、表面上は臣民として教育勅語が出されますが、帝国議会に代表を送るための選挙区なども適用されません。

【明治《めいじ》四十四年《よんじゅうよねん》十月《じゅうがつ》二十四日《にじゅうよっか》御名《ぎょめい》御璽《ぎょじ》】

現代語訳 一九一一（明治四四）年一〇月二四日　天皇御璽

文法 名詞で太陽暦による年月日を示します。このときも明治天皇の治世ですから、「睦仁」に朱印の「天皇御璽」という原本があるはずですが、『官報』では、「御名御璽」となります。

通常の法律のルールで言えば、新たに改正された場合は、本文が改正されます。ここでは本文は改正せずに、追加の本文を付けて、さらに新たな日付と署名捺印を加えたことになります。日本国内と同様の教育勅語は、植民地朝鮮でも有効だという再確認になります。

勅語の再発行と言えるこうした形式は例を見ませんので、ちょうど書籍の再刊をするときに、追加の後書きを付するようなスタイルで書かれているわけですね。なお、植民地の台湾でも同様に教育勅語が現地の人たちに教えられるわけですが、台湾ではこうした形式は取られていません。

第2部

始末

——来しかたとゆく末

教育勅語はどのようにしてつくられ、どのように理解され、どのように終わったのか。その開始から、終末までの顚末《てんまつ》、つまり始末記を述べるのがこの第2部です。

文章（テキスト）というものは、文脈（コンテキスト）のなかにあるもので、その文脈は文章の前後関係に限らず、文章に直接に書かれていない背景をも踏まえて理解するべきものです。

そこでまず、教育勅語の起草に関わった人たちの人生を確認します。さらに教育勅語の背後にある中国古代や西洋近代の道徳を概観します。そして法律ではない勅語とはなんなのかを明確にします。さらに原本や謄本《とうほん》というモノとしての教育勅語、それを使った学校儀式やトラブルなども見てみましょう。また教育勅語を研究するとはどんなことか、時代による解釈の変化はどうなっていったのかを解説します。そして最後に戦後日本で教育勅語がどう扱われたのかなど現在に至る流れを説明します。

第1部が古典の読解のスタイルだとしたら、第2部は歴史の解釈のスタイルです。すでに知っている歴史の知識などを使って、教育勅語にまつわる複雑な歴史を考えていただきたいと思います。

第1節 起草者それぞれの思惑

教育勅語は、一八九〇（明治二三）年一〇月三〇日に、天皇である睦仁《むつひと》（本名にあたる諱《いみな》、没後に明治天皇という諡号《しごう》が贈られる）の名前で、天皇自身が臣民に呼びかけるかたちの勅語という君主の著作として出されました。自分自身が書いたのではなく、法令のように臣下が起草したものを、君主が最終的に認めたということです。

原案起草にまずあたったのは、中村正直《なかむらまさなお》です。そして実際に使われたのは、井上毅《いのうえこわし》と元田永孚《もとだながざね》が起草したものです。

儒学者から洋学者へ

一八五三（嘉永《かえい》六）年のペリー来航などの幕末の動乱から明治の日本を生きた、三人の歩みを見てみましょう。幕末になると学問を志した若者たちも、江戸時代とはほど遠い激動のなかを歩むことになります。

教育勅語の最初の起草者となる中村正直は、一八三二（天保《てんぽう》三）年、江戸麻布丹波谷《あざぶたんばだに》に生まれます。父の

中村正直（号：敬宇《けいう》）
1832～1891年6月7日
＊この節の写真はすべて、国立国会図書館「近代日本人の肖像」より転載

武兵衛《たけべえ》は江戸幕府の武士ですが、町民出身の同心ですから、高い家柄ではありません。しかし、正直は子どものころから儒学に秀でた天才児でした。一〇歳で昌平坂学問所《しょうへいざかがくもんじょ》（昌平黌《しょうへいこう》ともいう）の素読吟味《そどくぎんみ》という、当時の儒教経典の読み方を試す公開学力試験に合格します。この昌平坂学問所は、現代の東京大学につながる、江戸幕府の最高学府でした。

ここに入学して学んだ中村正直は、一八五五（安政《あんせい》二）年には学問所教授方出役《きょうじゅかたでやく》つまり教員になり、一八五七年には昌平坂学問所の分校である甲府の徽典館学頭《きてんかんがくとう》となります。現在で言えば、山梨大学学長ということです。一八六二（文久二）年には、御儒者《おじゅしゃ》となりました。御儒者とはたんなる儒学者の意味ではなく、江戸幕府から公式に任命された昌平坂学問所の教員を意味します。学問所のトップである大学頭《だいがくのかみ》は、林羅山《はやしらざん》の子孫による世襲制ですから、御儒者が日本の儒学者としてのトップと言えます。

三十歳前にして御儒者に登ったことは異例です。この儒者が、若いころから洋学の勉強までしていたことも、注目するべきです。一七九〇（寛政《かんせい》二）年の寛政異学の禁では、異論異説の多い儒学の解釈について、江戸幕府が昌平坂学問所で朱子学を講義や試験の基準と定めました。この昌平坂学問所の教員が洋学を学ぶとは意外に思われるかもしれません。しかし、この時期の昌平坂学問所は、傘下に蕃書調所《ばんしょしらべしょ》や医学所という洋学の機関を持っています。ですから、一八六六（慶応二）年に幕府が英国に留学生を派遣するときに、中村正直は引率役として同行しました。王政復古の報は、留学先のイギリスで聞くことになります。

実際の教育勅語を起草した井上毅と、共同して作成した元田永孚は、ともに熊本藩士でした。

元田永孚は、一八一八（文政元）年、熊本藩士・元田三左衛門の長男として生まれました。藩校の時習館《じしゅうかん》に入って、塾長の横井《よこい》小楠《しょうなん》（一八〇九〜一八六九）の教えを受けて、実学党と呼ばれるグループを結成します。

元田永孚（号は東野《とうや》）
1818年〜1891年1月22日

ここで言う実学とは、当時は熊本儒学という朱子学の一流派の呼び名です。江戸時代の実学という言葉は、さまざまな儒学者が用いており、横井小楠たちは海外を理解したうえでの攘夷思想という政治的な意味に用いました。明治時代に福沢諭吉が主張した実用的な学問としての実学は儒教批判の意味を持ちますが、海外の学問と情報を摂取するという開明性では、意味が近づきます。

横井小楠は、江戸で中村正直の師匠で開明的な儒学者である佐藤一斎《さとういっさい》や、幕末の政治に影響力のある水戸学の藤田東湖《ふじたとうこ》とも交流を持ち、海外の情報を集めました。ペリー来航時には攘夷を唱えますが、開国による富国強兵へと論を転換して、幕府の政事総裁職となった福井藩主の松平慶永《まつだいらよしなが》を補佐するなど活躍しました。朱子学はたしかに中国の宋の時代の古い学問ですが、幕末の激動の時代には、学問を政治に生かして活躍する原動力になったのです。元田永孚も、熊本藩主の細川慶順《よしゆき》（韶邦《よしくに》）の家臣として江戸や京都で奔走します。

井上毅（号は梧陰《ごいん》）
1844年～1895年3月17日

井上毅は、元田永孚よりも二十五年おくれて、天保一四年一二月（一八四四年一月）、熊本の竹部《たけべ》に生まれます。父の飯田権五兵衛は熊本藩の家老である米田家の家臣ですが、井上茂三郎の養子となります。子どものころから神童と呼ばれて藩儒の木下犀潭《さいたん》の門に学び、元田永孚と同じく藩校時習館に入り、さらに一八六七（慶応三）年には江戸遊学を命じられて、フランス学を学びます。

殺伐たる政争のなかで

幕府から朝廷への大政奉還があり、元号が慶応四年から明治元年に変わった一八六八年九月八日の三人のようすを見てみましょう。

このとき、最年長の元田永孚は、満年齢で四九歳、熊本藩の中小姓頭《ちゅうこしょうがしら》という藩主の側近です。一八六九（明治二）年に引退しますが、一八七〇年に実学党が藩政改革をおこなって、彼自身も藩主の侍読《じどく》、つまり家庭教師に復帰します。翌一八七一年には上京して、五月三〇日には宮内省の侍読、つまり天皇の家庭教師になり、六月四日にはじめて満十八歳だった若い明治天皇に『論語』を講義しました。ここから彼が皇室の権威を背景とした活動が始まります。

ロンドンで大政奉還を知った中村正直は、満三六歳です。ほかの留学生と帰国しますが、もはや江戸幕府も御儒者の地位もありません。将軍家は静岡に移っており、彼も静岡に移住して、静岡学問所の教授になります。失意の元旗本や元御家人を励まそうと、イギリスで手に入れたサミュエル・スマイルズの『セルフ・ヘルプ（自助論）』を一八七〇（明治三）年に翻訳し、翌年には『西国立志編《さいごくりっしへん》』と題して十一冊を刊行して、たいへんな人気を博しました。この書は、近代のイギリスで努力と才覚で社会貢献や立身を遂げた多くの人物の伝記を編集したものです。一八七二年には東京に戻って、大蔵省の翻訳を引きうけつつ、明治を牽引《けんいん》した洋学者による啓蒙団体の明六社《めいろくしゃ》で活躍します。

元御家人の元御儒者が、文明開化のリーダーとして大きな注目を浴びたのです。また、キリスト教を評価して、自らもプロテスタントのキリスト教徒になっています。

井上毅はまだ、満二四歳の若者です。江戸遊学から熊本に戻って、一八七〇（明治三）年にふたたび東京の大学南校（以前の昌平坂学問所の蕃書調所、現在の東京大学文学部など）に入り中舎《ちゅうしゃ》長《ちょう》つまり生徒会長のような世話役になります。一八七一年に司法省の十等出仕となって、はじめて官職につきます。ここで司法卿《しほうきょう》である江藤新平《えとうしんぺい》に評価されて抜擢され、一八七二年からフランスとドイツに洋行します。さらに一八七四年には大久保利通《おおくぼとしみち》に求められて、清国派遣の随員となって頭角を現します。一八七五年にドイツのプロイセンの憲法を『王国建国法』として翻訳したことは、のちに彼が大日本帝国憲法の起草をすることを予見するかのようです。一八七七年に中央官庁である太政官《だじょうかん》の大書記官、さらに翌年に内務大書記官を兼任するなど、明

江藤新平
1834年～1878年4月13日

大久保利通
1830年～1878年5月14日

治維新政府の官僚組織の中心にまで出世しています。

井上毅を取りたてた江藤新平は、開明的な人物として知られ、一八七四（明治七）年の民撰《みんせん》議《ぎ》院《いん》設立《せつりつ》建白《けんぱく》に名を連ねました。しかし、不平士族による佐賀の乱の首謀者として捕らえられ、みずから司法卿として制定した法により、斬首されます。

次に井上毅を取りたてた大久保利通も、一八七七（明治一〇）年に西南戦争で盟友の西郷《さいごう》隆《たか》盛《もり》を伐つ中心となりましたが、翌年には紀尾井坂《きおいざか》で不平士族に暗殺されます。まさに殺伐とした明治維新期の政争です。こうした政争のなかで、生き残った維新の英傑が、伊藤博文《いとうひろぶみ》でした。この伊藤博文もまた、井上毅の才能を見いだして、重用します。

「教学聖旨」に込めた元田の意図

中村正直はスマイルズの『西国立志編』のあと、一八七二（明治五）年にはJ・S・ミルの『自由之理《じゆうのり》』や、一八七八年にはスマイルズの『西洋品行論』を翻訳して出版します。彼が紹介した西洋近代の理想的人間像やモラルと社会常識が、青年の

伊藤博文
1841年～1909年10月26日

心をとらえました。中村正直自身も、一八八一年には東京大学の教授、一八八六年には元老院議官となって、社会的地位を確立していきます。

文部省も教育の基軸を洋学に据えました。洋学者の西村茂樹《にしむらしげき》を中心に、西洋の教科書の翻訳や内容の移入を進めて、子どもたちは教師から西洋近代の道徳を江戸時代とは異なる新しい常識として知ることになります。こうした新しい道徳は、イギリスやフランスの政治思想を背景としています。個人としての自由や個人の名誉や利益を重んじる立志の思想、権利や義務の概念が広がると、国会をつくって政治に参加することを求める声につながります。こうして、自由民権運動が各地に広がっていくのです。

これに対して明治政府のなかで、西洋近代の政治思想、その前提となる西洋近代の道徳や知識の移入に対して、警戒が始まり、旧来の儒教を掲げる動きが強まります。その顕著な例が宮中に力を持ちはじめた元田永孚です。一八七七年に宮中に侍補《じほ》という天皇の側近の役職が設置されると、三等侍講兼二等侍補となって地位を明確にします。翌年に開明的な大久保利通が暗殺された事件を契機として、天皇親政運動を開始して、天皇の側近としての侍補の権限拡張を求めます。ただこの動きは失敗して、一八七九年一〇月に侍補制度も廃止されますが、引きつづき皇后宮大夫兼二等侍講として地位を保ちました。

侍補制度の廃止の前、一八七九（明治一二）年八月ごろ、元田永孚は明治天皇の意を受けたことを意味する「聖旨」をタイトルとして、「教学大旨」と「小学条目二件」で構成された文書を起草します。明治維新以後の教育を「智識才芸《ちしきさいげい》」のみを尊重したものだと批判して、「仁義忠孝」という儒教流の徳目の重視を主張したものです。この文書は「教学聖旨」と呼ばれます。明治天皇の権威を背景にして、内務卿の伊藤博文と文部卿の寺島宗則《てらじまむねのり》に示されました。

　これに対して伊藤博文は九月に「教育議」を記して明治天皇に提出します。伊藤博文は幕末の動乱で頭角を現して長州閥を背景に大きな権力をもった政治家ですが、吉田松陰の松下村塾に学んでイギリスに留学した経歴も持つ開明的なリーダーでもあります。伊藤は、内務大書記官であった井上毅を高く評価して、この「教育議」を起草させました。この文書で井上毅は、「教学聖旨」が洋学的な「智識才芸」を批判したことに対して、政治議論で混乱をもたらす「政談ノ徒」は、「漢学生徒ノ種子ニ出《い》ツ《ず》」と断じます。たしかに自由民権運動に参加する地域のリーダーや青年は、江戸時代にもともと儒学を学んで政治的関心を培《つちか》った人たちです。井上毅の主張には、文明開化に抗って儒教道徳に戻ろうとする元田永孚への痛烈な皮肉が込められているのです。

　次に元田は「教育議附議《ふぎ》」を記して反論しますが、議論としては並行線をたどりました。そもそも、教学聖旨論争は、当時の人たちには公開されていない、宮中と太政官の間の意見書のやり取り、つまり、コップの中の争いです。海後宗臣《かいごときおみ》ら後世の研究者が紹介しなければ、忘れさられていたものでしょう。

　しかし、この論争はその後の道徳教育をめぐって右往左往する時代を象徴しています。この論争と同時期に議論されていた一八七九（明治一二）年の教育令（自由教育令と呼ばれる）は、修身を小学校の教科の最後に置きました。しかし、翌一八八〇年に改正された教育令（改正教育令と呼ばれる）では、修身は教科の最初に、つまり筆頭《ひっとう》に書かれます。この「筆頭科目」としての修身は、小学校教育で修身を一番に重視することを象徴したものとして、戦前戦後の日本で強調されます。ちなみに、現在の「特別の教科である道徳」は、学校教育法施行規則では、小学校・中学校ともに第十番の科目です。

当時は文部省の国定教科書に統一される以前で、修身の教科書は西洋の倫理を踏まえたものや、西洋の教科書の直訳などがあり、多種多様でした。このなかで、元田永孚は天皇の権威によって、修身教育の内容を宮内省からリードしようと考えました。元田は教学聖旨「小学条目二件」のなかで、仁義忠孝を幼いうちから「脳髄《のうずい》ニ感覚セシメ」て「先入主《せんにゅうしゅ》」とするために、「古今ノ忠臣、義士、孝子、節婦《せっぷ》ノ画像写真」を掲げるという方法論を提示しました。つまり道徳の模範的人物の絵画を子どもに見せれば、先入観となって影響を与えるという方法論です。

彼はみずからの教育理念にもとづく教科書を歌人の高崎正風《たかさきまさかぜ》と編集し、宮内省刊行の勅撰《ちょくせん》修身書として、全七巻の『幼学綱要《ようがくこうよう》』を一八八二（明治一五）年に世に送りだしました。『幼学綱要』では、儒教の徳目である孝行・忠節など二十項目にしたがって例話を記載し、その内容に「先入主」となる印象的な挿絵《さしえ》が加えられています。同年一二月に地方長官会議に参集した府知事県令に勅諭とともに下賜《かし》（天皇から臣下に贈ること）がおこなわれ、その後も小学校に数年間

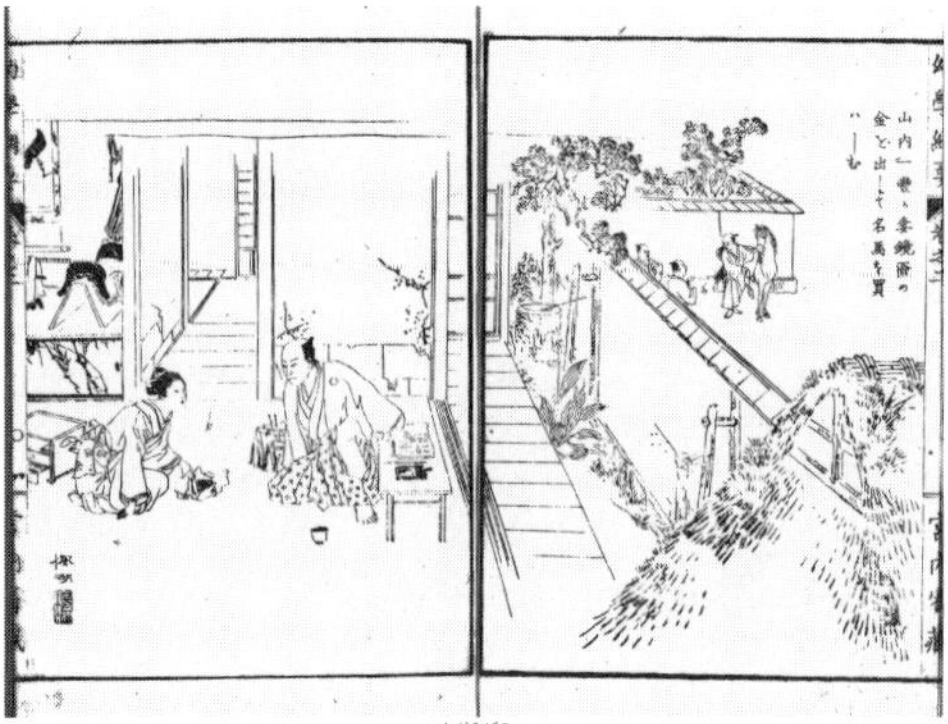

『幼学綱要』より「山内一豊が妻、鏡筐《かがみばこ》の金を出して名馬を買はしむ」の図
徳目ごとに本文と画像が掲載されています。図像を重視するのは元田永孚の主張でもありました。掲載の箇所は、「和順」の徳として戦国武将の山内一豊が馬を買うために妻が金銭を出す有名な場面です。『幼学綱要』第2巻、宮内省、1883（明治16）年再版

に四万部ほどが配付されました。その内容は難解ですので、そのまま小学生が読むようなものではありませんが、小学校の教員には権威ある下賜品として理解されました。

国会開催に向け急接近する両者

自由民権運動に対抗しつつも、政府主導で文明開化と富国強兵の近代国家を作ろうとする巨大なプロジェクトは、伊藤博文が中心になって進展します。

明治政府は元老院を中心に近代国家に不可欠な憲法の制定を検討します。一八八一（明治一四）年三月に参議の大隈重信《おおくましげのぶ》は、イギリスの議院内閣制をモデルにして、二年後の二院制議会を求める建白をおこないます。いっぽうで、伊藤博文も議会開設を認めつつも、天皇の主権を重んじる立場を取り、同年に岩倉具視《いわくらともみ》と連携します。「岩倉具視憲法意見書」が作られ、ドイツの有力国であるプロイセン憲法を模範とした欽定《きんてい》憲法の体裁をとって天皇が陸海軍の統帥権《とうすいけん》を持つという基本方針を示します。この

岩倉具視の意見書を起草したのが、井上毅です。

在野の自由民権家に影響をもつ大隈重信らと長州閥《ちょうしゅうばつ》を背景に政治の実権を持つ伊藤博文らの対立は、北海道の官有物つまり国有財産の払い下げ事件で激化します。そして事件を暴露した側の大隈重信が同年一〇月一二日に参議を罷免されてしまいます。この同じ一〇月一二日に、明治天皇から一八九〇（明治二三）年を期して国会を開設するという宣言が「国会開設の勅諭」として発せられます。これは十年もの年月をかけて憲法と国会をつくるというもので、国会開設という民権家の意見に譲歩しつつ、民権家ではなく伊藤博文らが政策基盤を確立するという結果となったのです。これを明治十四年の政変と言います。

そして、翌一八八二（明治一五）年三月に伊藤博文自身がドイツとオーストリアに留学して、憲法研究のためにプロイセンのグナイスト・モッセとオーストリアのシュタインなどに教えを受けます。一年余りで帰国して、一八八四年三月には宮中に制度取調局を設置して伊藤博文が長官となり、井上毅を登用して御用掛として、憲法起草作業が開始します。そして一八八七年五月には、井上の起草した憲法草案が内閣総理大臣になっていた伊藤博文に提出されました。

これが大日本帝国憲法の原案です。従来の元老院に代わって、天皇の発する勅令などを審議する枢密院が一八八八（明治二一）年に開設されて、ここで憲法草案を審議します。これが一八八九（明治二二）年二月一一日に公布された大日本帝国憲法です。

伊藤博文は、プロイセン流の憲法を準備するかたわら、さまざまな日本の文化の近代化にも

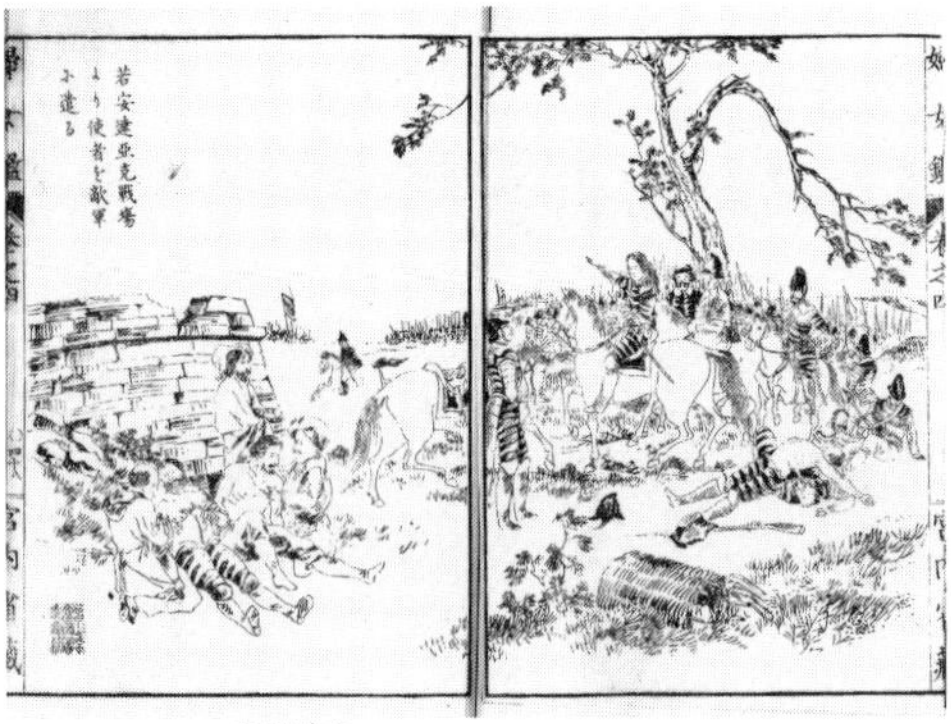

『婦女鑑』より「若安達克《ジョアンダーク》　戦場より使者を敵軍に遣る」の図
イギリスとの百年戦争（1337-1453）でフランスを救うことを神に託されたとして、フランス軍を率いてオルレアンで勝利した少女ジャンヌ・ダルクが、フランスのオルレアンを取り戻す場面を描いています。『婦女鑑』第4巻、宮内省蔵版、1887（明治20）年

取り組みました。鹿鳴館《ろくめいかん》を建てて、政府高官が華麗な洋服を着て西洋式のパーティーをしたこともその一つです。また宮内卿として宮中の改革に取り組み、元貴族や高官たち華族の娘たちが学ぶ華族女学校をつくります。文部省で翻訳教科書づくりに活躍した明六社メンバーの西村茂樹が文学御用掛として宮中に登用されて、元田永孚が儒教中心に書いた『幼学綱要』の続編として、西洋、日本、中国の歴史上の女性を題材とした『婦女鑑《ふじょかがみ》』がつくられます。同書はむかしながらの男性に従う女性だけではなく、ジャンヌ・ダルクをはじめとした知恵と勇気のある女性の例話が記されたことが特徴です。一八八七（明治二〇）年に刊行されて、華族女学校の生徒に渡されました。

この伊藤博文の宮中改革は、敵対していたはずの元田永孚との接近をもたらしました。ただ儒教の道徳に戻るのではなく、西洋近代の道徳とあわせて語ることで、大日本帝国憲法の時代がスタートします。それを象徴したのが、井上毅が起草した大日本帝国憲法の「告文《こくぶん》」でした。明治天皇が、「祖宗《そそう》」つまり祖先の神々や歴代天皇に申し上げるかたちで、近代の憲法が公布されたのです。

大日本帝国憲法は信教の自由を明記しており、特定宗教のみに権威を認める国教を置きませんでした。しかし、「神道は宗教にあらず」という考え方で、天皇とつながる神道を宗教とは異なるものとして位置づけます。明治政府が神社に「官幣社《かんぺいしゃ》」や「国幣社《こくへいしゃ》」という社格を与えて財政的に補助を出しながら、神職の人事に関与して管理下に置きました。これは他の宗教とは異なる、事実上の国教政策でした。このことを国家神道といいます。

三十回以上の書き直しを重ね合作

道徳教育や修身科のあり方は、宮中や政府のほか、文部省や学校現場でも論じられていました。一八八七（明治二〇）年一一月に前東京大学綜理《そうり》（現在の総長）で、蕃書調所出身の洋学者であった加藤弘之《かとうひろゆき》（一八三六～一九一六）が「徳育に付ての一案」を講演したことから、徳育論争が学者たちのあいだで始まりました。

加藤弘之は、社会ダーウィニズムという考え方で、生物界の生存競争と同じことが人間社会でも起きるという思想を持っています。そこで、神道、儒教、仏教、キリスト教の四つの考えの修身を置いて児童生徒に自由に選択させるという提案をしました。これに対して、自然科学に依拠した道徳を提案する者や、宗教に依拠しない修身教育を述べる者など、さまざまな提案と論争が始まりました。こうしたようすを肯定的にとらえると、明治維新から二十年の間に道徳をめぐる多様な価値観が言論界に定着していたことがわかります。

しかし、高額納税者に限定された制限選挙ではありますが、選挙による衆議院をつくる大日本帝国憲法が一八八九（明治二二）年二月一一日に公布されて、その施行が近づくと、あらためて道徳教育を中心に臣民を統合しようとする動きが進みます。一八九〇年二月の地方長官会議の「徳育涵養ノ義ニ付建議」を契機として、教育理念を示す文書をつくる動きが進みます。山県有朋《やまがたありとも》首相は、伊藤博文と同じく長州出身で吉田松陰の松下村塾の出身です。高杉晋作の奇兵隊で頭角を現して、陸軍制度の確立に功績があった人物です。一八八二年一月四日に明治天皇が陸海軍の軍人に示した軍人勅諭（陸海軍軍人ニ賜ハリタル勅諭）の起草を主導した経験がありました。山県内閣の文部大臣は、戊申戦争で箱館にたてこもったこともある榎本武揚《えのもとたけあき》で、洋学に通じた旧幕臣は道徳問題に積極的ではありませんでした。同年五月に山県の影響下の芳川顕正《よしかわあきまさ》が文部大臣に任命されて動きがはじまります。

まず、山県有朋内閣において、天皇の命を受ける形で文部大臣芳川顕正が中村正直に委嘱して、徳育に関する箴言《しんげん》の編纂がなされます。これが最初の教育勅語の草案です。中村正直の草案は、八点が知られています。「忠孝」を述べつつも、「敬天敬神」や「天人一致」といった、儒教的にもキリスト教的にも読める文言が続きます。この中村正直の草案は、宗教や哲学の性格が強いため、同年六月には「忽《たちま》ち宗旨《しゅうし》上《じょう》之《の》争端《そうたん》を引起《ひきおこ》すの種子《しゅし》となるべし」と山県有朋総理大臣に法制局長官の井上毅が批判を提出して、用いられることはありませんでした。

元田永孚も独自に起草していた草案があり、六点の草稿が知られています。しかし、実際に用いられたのは三十二点の草案が残っている井上毅の草案でした。

井上毅の草案は、大日本帝国憲法の告文で使われた「祖宗」などの言葉と、原案の段階から酷似しています。大日本帝国憲法と一体に、天皇を中心とした教育の方針を示そうとしたことがうかがえます。井上毅が草案に対して、元田永孚が協力して書き直しを重ねるかたちで進められます。教学聖旨論争で対立した二人が合作したわけです。一八九〇（明治二三）年一〇月二四日までに本文の修正が完了して、勅語を出すことについて明治天皇の裁可《さいか》がおこなわれました。

起草者たちのその後

一八九〇（明治二三）年一〇月三〇日に出される教育勅語ですが、当初は高等師範学校（現在の筑波大学）に天皇が出向いて渡すという方式を、文部大臣芳川顕正は考えていました。しかし一〇月二四日に元田永孚は井上毅に対して、天皇が二六日から二八日まで茨城県に軍事演習の観閲のために旅行するので準備がむずかしいといった理由で反対します。そして、文部大臣に渡して文部大臣が全国に訓令を出して伝えるという方式を提案します。こうして、教育勅語の翌日の一〇月三一日に文部大臣の訓示を政府の新聞である『官報』に掲載して謄本の全国の学校への配付と儀式の実施を求め、この添付文書として教育勅語が掲載されることになりました。

もちろん、『官報』を読むのは行政関係者などに限られるでしょうから、実際には全国の新聞や雑誌に教育勅語が出されたことを歓迎する記事が掲載されることで大人たちが知り、謄本が学校に渡されて学校儀式がおこなわれることで青年や子どもたちが知ることになるわけです。ちなみに当初は、この勅語に名前はついていません。官報の「教育ニ関シ勅語ヲ」という表現から、「教育ニ関スル勅語」という言い方が定着して、短くして「教育勅語」が広く用いられたのです。「教育ニ関スル勅語」が正式名称だと思われていますが、書籍やタイトルに題名があるように名前が当初からあったわけではありません。

高齢の元田永孚にとっては、教育勅語が歴史に残る最後の仕事になりました。翌一八九一（明治二四）年一月には風邪をこじらせて重篤な状態になり、明治天皇から古代ならば公卿《くぎょう》に相当する従二位の高い位階と明治の華族制度で最下位の爵位《しゃくい》である男爵を授けられます。そして一月二二日に死去します。満年齢の七十三歳で、東京の青山墓地に葬られました。

最初の教育勅語の草案を書いた中村正直ですが、一八九〇（明治二三）年には大日本帝国憲法のもとでの帝国議会ができるにあたって、貴族院議員になっています。また一八八八年には文学博士になっています。この博士号は一八八七年に定められた学位令にもとづいて、翌年五月七日に帝国大学教授など二十五人に授与されたのが始まりで、中村正直はその翌月七日に授与されました。現在では、大学院で博士号をもらっても大学の教員などの専門職に就職できない「ポスドク問題」が文系でも理系でも深刻ですが、当初は「末は博士か大臣か」という言葉が立身出世を意味する定型句になるほどでした。

『西国立志編』以来の中村正直の名声は大きく、教育勅語の公式の解説書と言える井上哲次郎の『勅語衍義《えんぎ》』の原稿を点検する仕事をしました。そして刊行に当たっては、著者の「帝国大学教授　井上哲次郎　著」と名前を並べて「文学博士　中村正直　閲《えつ》」と記して、一八九一（明治二四）年九月二日に刊行されました。ドイツ帰りのまだ若い井上哲次郎の名前は知られていませんので、中村正直の名前を「閲」として並べることに意味があったのです。

この『勅語衍義』が刊行されたとき、すでに中村正直は死亡しています。一八九一（明治二四）年六月七日に、満六十歳で逝去し、東京上野の谷中墓地に葬られました。

井上毅は、教育勅語が出されたときには、勅令を審議する枢密院《すうみついん》の枢密顧問官で、山県有朋内閣の法制局長官でした。政府の出す法令案を事前にチェックし、政府の憲法解釈にあたって大きな役割を持つ現在の内閣法制局の前身にあたり、大日本帝国憲法を起草した井上毅には適役でした。

陰の補佐役にここまで徹してきたわけですが、一八九三（明治二六）年三月、第二次伊藤博文内閣では、文部大臣となりました。森有礼がおこなった学制改革を進めて、実業教育の振興をおこない、実業補習学校規程の制定や帝国議会での実業教育費国庫補助法の成立などの業績を残します。教育勅語を道徳に特化した内容にしようとした元田に抗って、「業ヲ習ヒ」「世務ヲ開キ」など実用的な学問を重んじる文言をもりこんだ井上ですが、その理念を制度化することにも尽力しました。

しかし、一八九四年八月には病気のため辞任します。一八九五年一月には子爵の爵位をおくられましたが、三月一七日病没しました。満年齢で五十歳でした。東京谷中の瑞輪寺に葬られました。

海後宗臣をはじめ、後世の歴史家は、この三人が教育勅語に果たした役割を研究してきました。中村正直は明治期を代表する開明的な学者として評価され、『西国立志編』などはその後も新訳が発表されて愛読されています。元田永孚は守旧派の儒学者と見えますが、森川輝紀《てるみち》ら現代の研究者によって、朱子学が現実に向きあう実学ともなりえる点など、再評価がされています。井上毅は、近代日本の法体系を樹立した人物で、現在も憲法や法律の議論があるたびにかならず名前が挙がる人物として語り継がれています。

第2節 徳目はどこから来たか

教育勅語に書かれている内容のうち、道徳の項目を徳目と言います。教育勅語は「十二徳目」だという説もありますが、これは戦後に広がった新しい説で、教育勅語が力を持った時代に数え方に定説はありませんでした。数をどうみるにせよ、こうした徳目として書かれていることが、「普遍的だ」という考え方があります。このことを考えるには、教育勅語そのものの内容と、その歴史的背景を考える必要があるでしょう。

教育勅語は儒教なのか

教育勅語の内容傾向を説明する文章には、「儒教的性格」「儒教にもとづいた道徳」という記述を多く目にします。本書第1部で語句の出典などに注目して読むと、そういう印象を持つでしょう。江戸時代の武士やゆとりのある民衆は、儒教の経典を教養として読みこなしていました。起草にあたった井上毅と元田永孚も開明的な儒学者・横井小楠の影響下で有名な熊本の儒学を学んでいます。

しかし、儒教的というのは、教育勅語の一つの側面を捉えた評価です。儒教とは異なる側面として、天皇を頂点とした大日本帝国憲法のもとで国民を統合する理念や、多く登場する西洋近代社会を起源とする道徳を見落とすと適正な評価にはならないでしょう。

まず「儒教」とは何でしょうか。「儒教」を、「儒学」という言葉と同義に用いたり、「儒」の一字でも表現したりすることがあります。芥川龍之介の箴言集《しんげんしゅう》『侏儒《しゅじゅ》の言葉』は、侏儒、つまり小物の宗教者という古い言葉をタイトルにしています。

「儒」は、古代中国で祖先や神々に対して儀礼をおこなう宗教者を指す言葉でした。ですから「儒教」は、中国の春秋時代の孔子が創始した儀礼を含むさまざまな教えを意味する言葉になりました。本来は宗教的な意味を持った儒教ですが、時代が下ればその内容が古典になります。こうして学問としての儒教の古典を学ぶ「儒学」へと変化していった歴史があります。

中学校や高等学校の社会や国語などで使う教科書には、多くの儒教の古典が登場します。孔子が古典としたのは、古い詩集である『詩』と古い王侯の演説集である『書《しょ》』でした。古典漢文としても文体が古くて難解ですから、高校の漢文の教材になることはまれですが、教育勅語の語句の出典になっています。また孔子が晩年親しんだ占いの書物である『易《えき》』や、孔子が編纂したと伝わる歴史書『春秋《しゅんじゅう》』や、音楽のマニュアルの『楽《がく》』や、儀式や制度をマニュアルにしていった『礼《らい》』がつくられていきます。『楽』は『礼』の一部に含まれて、『易』『書』『詩』『礼』『春秋』のこの五つが前漢の時代に重視されます。そして、董仲舒《とうちゅうじょ》が前漢の武帝《ぶてい》に建言して、経典の解釈を教える五経博士が紀元前一三六年に置かれます。こうして「経」と呼ぶことが広がり、たとえば『易』を『易経』と称するようになります。

この儒教の古典としての五経のテキストをめぐっては、複雑な事情があります。前漢に伝わっていた今文《きんぶん》と、秦《しん》の始皇帝の焚書坑儒《ふんしょこうじゅ》から隠されていた古い文字で書かれた古文があり、内容に違いがあります。さらに初期の注釈の違いで『春秋』が三つに分かれたりと、表のように前漢・後漢の時期でも四分五裂しています。この漢代から三国（魏《ぎ》・蜀《しょく》・呉《ご》）や晋《しん》の時代に膨大な注釈書が執筆され、南北朝、隋を経て、唐の孔穎達《くようだつ》が『五経正義』として注釈書を著します。これらを「古注」と総称します。日本古代の大学寮は、古注を公式の教科書にしました。古代の貴族たちは、古注によって五経を学んでいたわけです。

その後も古典研究が続けられ、南宋の朱熹《しゅき》（一一三〇〜一二〇〇）がふたたび五経の注釈書を集大成して、尊敬を込めて朱子と呼ばれました。さらに経典とは考えられなかった孔子の言行録の『論語』と孟子の言行録の『孟子』を五経に匹敵する位置に置きました。さ

時期	春秋戦国時代 孔子と孟子	前漢以後 古注　五経	宋以後 朱子らの新注 四書①〜④と五経
経典	易	易経（周易とも呼ぶ）	周易
	書	書経（尚書とも呼ぶ）	書経
	詩	詩経（毛詩とも呼ぶ）	詩経
	礼 楽（喪失）	礼経（周礼、儀礼、礼記（大戴礼記と小戴礼記）に分かれる）	礼記 ①大学 ②中庸
	春秋	春秋左氏伝 春秋公羊伝 春秋穀梁伝	春秋左氏伝 春秋公羊伝 春秋穀梁伝
	論語	（五経博士を置かず）	③論語
	孟子		④孟子

らに『礼記』から『大学』と『中庸』をとり出して、あわせて四書と呼びました。「四書五経」に対する朱子の注釈を「新注」と言います。この新注も鎌倉時代から日本にもたらされています。

教育勅語のちょうど百年前、一七九〇（寛政二）年に寛政異学の禁を江戸幕府がおこないますが、これは昌平坂学問所で新注による朱子学派のもののみを正式なテキストとすることを意味しました。実際には江戸時代には、漢代の古い注釈書である古注を重視する古注学派も、宋代の陸象山《りくしょうざん》の説を明代の王陽明《おうようめい》が受け継いで人間の思想や行動を重んじた陽明学も盛んです。こうしたさまざまな学説が盛んだったからこそ、昌平坂学問所の教育内容を統一するために寛政異学の禁があったと言えます。

日本の朱子学の流れには、日本の歴史を重んじる水戸学も、海外への関心を深めた熊本儒学も含まれます。教育勅語の起草に関わる元田永孚と井上毅はこの熊本儒学を学んでいます。

水戸学についても説明しましょう。明朝末期の朱子学者である朱舜水《しゅしゅんすい》が一六五九（万治《まんじ》二）年に日本へ渡り、のちに水戸藩の第二代藩主の徳川光圀《みつくに》が保護しました。光圀は彰考館《しょうこうかん》を置いて、『大日本史』の編纂を開始します。ここで、君臣の義を重視する朱子学は実際の権力よりも正統性を重視する大義名分論という歴史観になっています。一八二五（文政八）年に水戸学者の会沢《あいざわ》正志斎《せいしさい》が記した『新論』は、冒頭に国体の概念を詳述しており、幕末の思想界に大きな影響を与えます。会沢正志斎に学んだ第九代水戸藩主の徳川斉昭《なりあき》は、藩校の弘道館《こうどうかん》を建て、水戸学者の藤田東湖が建学の精神を記した「弘道館記」を一八三八〈天保九〉年に発表しますが、敬神崇儒《けいしんすうじゅ》という日本の神道と中国の儒教の一致を基本精神とします。

このように、日本の国体という概念を大義名分のあるものとして理論を提供したことから、水戸学を教育勅語の源泉の一つに位置づけることが可能です。明治維新を成立させたのは、西南の雄藩の志士が目立ちますが、徳川御三家の水戸も幕末の焦点と言えます。水戸藩の討幕運動は脱藩者による一八六〇〈安政七〉年の桜田門外の変が有名ですが、この志士のうち生き残った一人である海後磋磯之介《さきのすけ》が、教育勅語研究者である海後宗臣の祖父であることも偶然ではないでしょう。

また中国の清朝では考証学が盛んで、五経のなかに後代に捏造された「偽書《ぎしょ》」があることを立証していました。たとえば、平成という元号の出典は『書』の大禹謨《だいうぼ》と司馬遷《しばせん》の『史記』の五帝本紀《ごていほんぎ》に求められますが、禹という国王の言葉を記した「大禹謨」は、本来の『書』にはなくて、漢代以後に作文された偽書であるというのが考証学の通説です。

この考証学の方法論を受け継いで日本の古典を研究したのが、本居宣長《もとおりのりなが》の『古事記伝』などで知られる国学です。国学は日本の古典を重視する学問であるとともに、神道を復興する運動でもありました。このため、教育勅語につながる日本の神々を重視する側面があるわけですが、儒教流の国体論や漢文基調の『日本書紀』というテキストには、そういった神話を客観視する側面もあります。

「仁」はどこへ行った？

数千年の儒教の話ですから長くなりましたが、儒教はもともと宗教儀式を執りおこなう儒であるというのが原点です。教育勅語の「父母ニ孝ニ」という言葉は、儒教の「孝」としては、「礼」にもとづく儀式をおこなって、父母や父方の祖先に対して尽くすことを意味します。

しかし明治の日本人は、「孝」を実践的な親孝行と思っても、礼記などに書かれた儒教儀式をしていません。さらには、「礼」の儀式に用いる祖先の名前を記した木主《ぼくしゅ》というものを、仏教の儀式ツールとして位牌《いはい》と呼んで、サンスクリット語の梵字《ぼんじ》や仏教式の戒名まで書いて仏壇に安置していまに至るのです。教育勅語への影響は、宗教儀式の「礼」や占いの「易」といった宗教性を重視した儒教ではなく、古典を研究して文章をつくりあげる儒学へと傾いていると言えます。

また、教育勅語は、孔子や孟子が強調した「仁」という儒教の中心的な徳目を含んでいません。

仁は、直系血族による孝とは違って、近しい人間関係から生じていく連帯感と言ってよいでしょう。激動の春秋戦国時代をリードした指導層、士大夫《したいふ》の道徳として、仁はその後も儒教の基本的な価値観となりました。教育勅語にはむしろ、西洋近代の道徳としての「博愛衆ニ及《およ》ホシ」と書かれています。博愛と言われると、儒教と対立して平等な人間関係を主張した墨家《ぼっか》による差別のない兼愛説に近くなっていきます。もちろん、仁は、儒教から指導者にとっての基本原理として日本でも仁による政治、仁政が重んぜられてきました。ところで、教育勅語の本文には仁は登場しませんが、よく原本を見ると、印刷で「御名」となっている箇所が「睦仁《むつひと》」となっていますね。天皇の諱《いみな》として、「ひと」と呼ぶ「仁」が組み込まれているわけです。

江戸時代までの多くの人が知っていた儒教の徳目に五倫五常《ごりんごじょう》というものがあります。五倫は『孟子』の滕文公上篇《とうぶんこうじょうへん》にある「父子《ふうし》、親有り。君臣、義有り。夫婦、別有り。長幼、序有り。朋友、信有り」を典拠として、「父子の親」「君臣の義」「夫婦の別」「長幼の序」「朋友の信」として覚えられています。五常は、前漢の董仲舒《とうちゅうじょ》が「五常の道」として「仁義礼智信」の五つの徳を強調したことによります。

こうした五倫五常は孟子や董仲舒の時代の整理ですから、それ以前の五経には違った徳目の整理が多く出てきます。あくまでも儒教のなかの一つの整理法です。とくに五倫は教育勅語の儒教的な言葉の前提になっていますが、そのまま用いられているわけでないことは、本文を見ればあきらかです。「夫婦の別」と教育勅語の「夫婦相和《あいわ》シ」では、ずいぶん印象が違いますね。

いずれにせよ、儒教や儒学と教育勅語の関係は、きわめて複雑です。儒教の経典を学ぶ儒学は当時の教養として前提となり、教育勅語第三文前半の徳目の出典となっていますが、「儒教的性格」だけでは教育勅語は言いあらわせないものです。

儒教用語の器に西洋道徳を盛る

グローバルという言葉は、企業や行政だけではなく、学校で学ぶ人たちも、教える人たちも、普通に使う言葉になりました。TIMSS《ティムズ》やPISA《ピザ》といった国際学力調査は無作為に対象を選んで実施しますから直接の体験者は少数です。しかし、この二つの調査をモデルにした全国学力調査は、二〇〇七（平成一九）年から小学校六年生と中学校三年生全員を対象に実施されていますから、現在の青年や教師は「教育は国際的に比較されているのだ」という実感を持っていますね。このグローバルな感覚を、明治維新をむかえた日本人も持ちはじめていました。

明治維新は王政復古として、中国古代に習った日本の律令制の復活を主張していました。太政官や大蔵省など古代貴族の職制や官庁をつくっていきました。しかし、その内容は古代中国ではなく、西洋近代のモデルを導入して、西洋近代の知識で組み替えていくものでした。

古代から江戸時代までの学校制度は儒教が基本で、「学校」という言葉も、「教育」という言葉も、出典は儒教の『孟子』でした。古代の貴族や中世以降の武士は、儒教の経典を教科書として深く学ぶことが学問でした。これをひっくり返したのが、一八七二（明治五）年の学制です。

学制とは明治維新政府による学校制度であり、全国を大学区、中学区、小学区に区分して近代西洋をモデルにした学校制度を新たにつくるものです。この学制の二年後、一八七四（明治七）年には全国に二万を超える小学校が設立されます。各地の小学校は統廃合を経て現在に至るわけですが、この約「二万」という小学校数は、現在も同じです。どの市町村にも、学制以来の創立百数十年の小学校がありますね。

学制の趣旨を説明した「学制布告書」(「学事奨励ニ関スル被仰出書《おおせいだされしょ》」とも言います)では、江戸時代間までの儒教を基本とする学校は「詞章《ししょう》記誦《きしょう》の末《すえ》に趨《はし》り(儒教経典の些末な解釈や暗記に流れ)て」と、全面否定されました。教育内容は、学制学校の西洋近代流になってしまうのです。この学制布告書では「学問は身を立つるの財本《ざいほん》」という、立身のための学問、役に立つ学問という実学の思想が強調されています。

この時代の学問論や道徳論は、西洋近代のものが圧倒しました。のちに教育勅語の最初の草案を書くことになる中村正直は、一八七〇(明治三)年にイギリスのサミュエル・スマイルズの『自助論』(Self Help)を『西国立志編』として翻訳して、西洋の偉人たちの道徳性と活躍を紹介しました。一八七二年には、西洋の学問を修めた福沢諭吉が執筆した『学問のすすめ』が刊行されて広く読まれました。

『西国立志編』の「天は自ら助《たす》くる者を助く」という言葉や、『学問のすすめ』の「天は人の上に人をつくらず、人の下に人をつくらず」という言葉は、現代でも多くの人が知っています。自助や平等という言葉は儒教や仏教にもあるのですが、明治の人々は西洋からのグローバルな道徳として理解したのです。

学制の小学校での道徳教育は、「修身口授《しゅうしんこうじゅ》」という教師が口頭で教える授業ですが、その教師は一八七一（明治四）年にフランスの道徳書の翻訳を箕作麟祥《みつくりりんしよう》が翻訳して編集した『泰西勧《たいせいかん》善訓蒙《ぜんくんもう》』（前編三冊）などの翻訳書を用いました。宗教教育の分野では、明治の初めには神仏分離と廃仏毀釈《はいぶつきしやく》などの仏教勢力の抑圧が見られましたが、一八七二年には神道と仏教の合同の大教院がおかれて、維新政府の正統性を伝えるとともに、「文明開化」や「富国強兵」といった今日にも伝わる四文字熟語が神官や僧侶の説教のテーマとして語られました。つまり、明治の初めには、大人も子どもも、西洋の偉人たちの活躍を知り、グローバル化した道徳世界にいたわけです。

権利や義務という西洋市民社会のルールも学んでいったので、だれでも政治に参加するのが当然だと考えますから、自由民権運動が広がっていきます。これに対して、もう一度、儒教道徳を徹底したいと考える動きが起こったことは、第一節で教学聖旨論争として説明しました。この論争で儒教批判の立場に立つ伊藤博文や井上毅は、ドイツをモデルにした大日本帝国憲法の起草へと歴史を進めたわけです。

しかし、保守的に見える元田永孚も、西洋の道徳を無視していたのではありません。元田の主導により宮内省から学校に配付された勅撰《ちよくせん》修身書『幼学綱要』では、儒教の徳目に依拠して例話を日本と中国から採っていました。その続編となる『婦女鑑《ふじよかがみ》』をつくるときには、明六社社員として西洋知識の導入につとめて文部省の翻訳教科書作りで活躍した西村茂樹が登用され、日本や海外の歴史や説話に依拠した道徳教育の教材を編纂《へんさん》しました。この二つのテキストに出てくる徳目は次のようになります。

なお、『婦女鑑』の徳目はテキストに明記されていないため、草稿の記述から越後純子氏が復元したものです。

宮内省のテキスト	一八八二（明治一五）年『幼学綱要』	一八八七（明治二〇）年『婦女鑑』
徳目	孝行　忠節　和順　友愛　信義　勤学　立志　誠実　仁慈　礼譲　倹素　忍耐　貞操　廉潔　敏智　剛勇　公平　度量　識断　勉職	孝行　友愛　婦道　勤倹　慈善　母道　忠誠　愛国　識見　才芸　処変　雑徳
徳目数	二十	十二

こう見ると、元田永孚の影響下のテキストでも、チャリティーの「慈善」や、パトリオティズムの「愛国」などが目につきます。ずいぶんと儒教オリジナルの徳目よりも、西洋の道徳の翻訳語が多いことがわかります。このような流れのなかで、まず中村正直が草案をつくり、実際には井上毅が起草して、元田永孚と合作した教育勅語ですから、西洋近代の道徳が含まれていくことは、歴史の必然と言えるでしょう。

皇祖皇宗が樹てた徳という無理

このような明治維新から二十三年の歴史の流れから、すでに人口に膾炙《かいしゃ》した西洋近代の市民社会の道徳が教育勅語の徳目として入れられています。第1部でみたとおり、教育勅語第一段第三文の後半は、西洋近代の徳目が続いています。

自助から社会的な平等という考えは、「恭倹己《きょうけんおの》レヲ持シ」や「博愛衆ニ及《およ》ホシ」という言葉になりますし、学制の実学は「学ヲ修メ業ヲ習ヒ」「以テ智能ヲ啓発シ徳器ヲ成就シ」という言葉と呼応します。さらに「進テ公益ヲ広メ世務ヲ開キ」という、まさに文明開化の筋道です。「常ニ国憲ヲ重シ国法ニ遵《したが》ヒ」という大日本帝国憲法下の義務が述べられて、「一旦緩急アレハ義勇公ニ奉シ」という富国強兵へと続きます。こうした発想は、欧米列強の国々と共通するグローバルな道徳であると言えるでしょう。

ただ、こうした西洋起源の道徳さえも、「皇祖皇宗」という天皇の祖先にあたる神々や歴代天皇が起源であると言いきったところに教育勅語の特殊性があります。すべての道徳的な行為が「以テ天壌《てんじょう》無窮《むきゅう》ノ皇運ヲ扶翼《ふよく》スヘシ」と天皇のもとに結実するところに教育勅語の眼目があります。

しかし、問題は教育勅語の第二段第五文の冒頭で、第一段の徳目を「斯《こ》ノ道」として受けて、これを、「之ヲ古今《ここん》ニ通シテ謬《あやま》ラス、之ヲ中外《ちゅうがい》ニ施《ほど》シテ悖《もと》ラス」と述べて、古今東西の真理であるとしたことです。つまり、教育勅語に書かれていることが、グローバルな道徳だと認められる必要が出てきます。このことは、日本が海外を意識し、実際に植民地で教育勅語を活用するなかで大きな問題となりました。このことは第7節であらためて説明します。

今日の視点で考えてみると、中国古代の道徳も、西洋近代の道徳も、学ぶべきことがあっても、ともに多様な価値観の一つに過ぎません。本来のグローバルな道徳とは、違いを認めあって対話することから始まるのですから、列記したものを普遍的だと言いきったり、「天壌無窮ノ皇運」に統合したりしたことで、大きな矛盾を持ったと言えます。

第3節 「君主の著作」の法的地位

ここでは勅語という形式は何かを考えてみましょう。勅語そのものは、天皇が発した声明であり、今日でも新聞に「おことば」として発表されるものと同義と考えてよいものです。現在の日本では、こうした「おことば」や著作の発表、日本国憲法の定める国事行為としての法律の公布などが天皇の名前によっておこなわれています。

二十一世紀に生きる御名御璽

君主の著作と言えば、昭和天皇（実名にあたる諱《いみな》は裕仁《ひろひと》）が戦後に生物学の研究をして論文や著書を出したことが有名です。著者名は諱で発表しています。

歴代天皇に広く見られる君主の著作は、「御製《ぎょせい》」と呼ばれる短歌などの文学上の著作物です。こうした著作には、生物学や和歌の専門家がアドバイスにあたっていますが、これはゴーストライターや代作とは違い、一般の人も指導教員や師匠から指導を受けて博士論文

日本産1新属1新種の
記載をともなう
カゴメウミヒドラ科
Clathrozonidae
のヒドロ虫類の検討

裕仁 著

皇居内
生物学研究所

1967/2

昭和天皇が実名で発表した学術論文
英文と日本文からなる。写真は「裕仁著」とある日本文の内扉より。

や歌集を発表するのと同じです。

いっぽうで、法律なども天皇の名前で発表されます。現在も政府の新聞『官報』では、日本国憲法の第七条に定める天皇の国事行為として、法律などの公布が行われ、「御名御璽《ぎょめいぎょじ》」を記して印刷されます。

成人年齢を十八歳に改めた民法改正の法律を見てみましょう。「民法の一部を改正する法律をここに公布する」という冒頭の文章が天皇の国事行為です。『官報』では「御名御璽」と天皇の諱と「天皇御璽」が置き換えられて印刷されます。

憲法にしたがって国事行為の承認と助言をおこなった内閣総理大臣とその氏名が続きます。「御名御璽」は高い位置に書かれます。この記事は長く続き、ほかの大臣は末尾に書かれています。

こうした書式は、中国に倣《なら》った古代日本の律令制から、公式令《くしきりょう》によって形式が定められ、教育勅語が出された時代には、それを踏襲した手続きがありました。公文書は、今日でも稟議書《りんぎしょ》や決裁文書と呼ばれるかたちで最後に最上位の人まで上がってきます。

天皇にまで上奏《じょうそう》として提出される公文書決裁の手続きには、もっとも重い憲法や法律、勅令などに

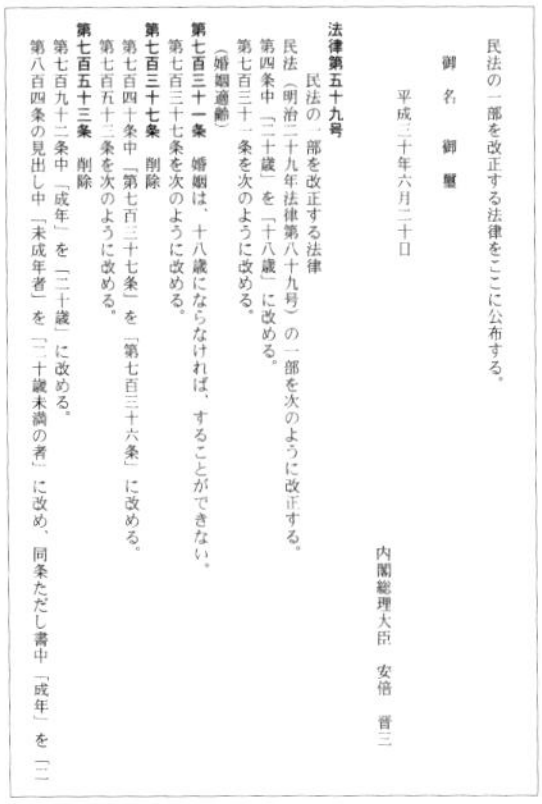
民法の一部を改正する法律をここに公布する。
御名御璽
平成三十年六月二十日
内閣総理大臣　安倍晋三
法律第五十九号
民法の一部を改正する法律
民法（明治二十九年法律第八十九号）の一部を次のように改正する。
第四条中「二十歳」を「十八歳」に改める。
第七百三十一条を次のように改める。
（婚姻適齢）
第七百三十一条　婚姻は、十八歳にならなければ、することができない。
第七百三十七条を次のように改める。
第七百三十七条　削除
第七百四十条中「第七百三十七条」を「第七百三十六条」に改める。
第七百五十三条を次のように改める。
第七百五十三条　削除
第七百九十二条中「成年」を「二十歳」に改める。
第八百四条の見出し中「未成年者」を「二十歳未満の者」に改め、同条ただし書中「成年」を「二

「御名御璽」と記された官報
号外第132号　2018年6月20日

「御名御璽」として諱を自筆サインして侍従などに「天皇御璽」という朱印を押させる形式や、「日」と空欄になった部分に日付だけを加える「御画日《ごかくじつ》」や、「可」という朱印を押させる「御裁可《ごさいか》」があります。現在はこうした細かい手続きはないのですが、「御名御璽」により公布されるのです。

このように考えると、教育勅語は、法律の公布に似た「御名御璽」の様式がとられています。自分自身が書いたのではなく、臣下が起草したものに最終的な自筆署名と「天皇御璽」の捺印だけをしたからです。しかし、教育勅語は、「君主の著作」であることが公式の見解とされたのです。このことを考えるために、まずは法律などのあり方を説明しましょう。

上位法優位の原則から、勅語は最弱

現在の法律は、日本国憲法のもとで、通常は国会の衆議院と参議院が可決して（日本国憲法第五十九条）、天皇が国事行為として公布して（日本国憲法第七条）、施行期日から有効になるものです。政府の新聞である『官報』に掲載する公布日から、法律が拘束力を持つ施行日《しこうび》までは、通常、六か月間です。日本国憲法の公布の一九四六（昭和二一）年一一月三日の「一一月三日」が文化の日で、六か月後に日本国憲法が施行された一九四七（昭和二二）年五月三日の「五月三日」が憲法記念日ですから、このことを現在も記念して祝日にしているのですね。

法律と政府機関などの命令類である令をあわせて、「法令」といいます。法令には強さの基準があって、憲法、法律、内閣の政令、各省の省令といった順になります。法律の内容に矛盾があった場合は、上位の法律が有効になります。

これを今日の法学の教科書では、上位法優位の原則と言います。法令には法的拘束力と呼ばれる効力がありますから、複数の法律に矛盾が出ないように効力の上下関係を定める必要があります。こうした上下関係は律令格式《りつりょうきゃくしき》とよばれた古代から意識されていたものではありますが、大日本帝国憲法が公布された時期には、明治維新後の乱雑だった法令体系を整備していました。

現在の学校を例に挙げると、だれでも学校に行く権利があると定めたのは、日本国憲法第二十六条の教育の機会均等や義務教育です。その学校の目的や基本のシステムを決めたのは、教育基本法や学校教育法という国会で可決した法律です。だれでも学校に行けるためには住民基本台帳に載っている市町村の小学校や中学校などに行くプロセスを確定する必要があり、内閣が閣議で決定した政令としての学校教育法施行令が続きます。そして、学校でどんな教科を何時間で学ぶかを決めたのは、文部科学大臣が定めた省令としての学校教育法施行規則なのです。こうして大きな原則から、学校で学ぶ教科や時間数までが決まっていきます。もしも学校教育法施行規則に上位の法令に反する内容があれば、上位法優位の原則で無効になります。

大日本帝国憲法でも、こうした秩序がありました。天皇が定める欽定《きんてい》憲法という形式ですから、大日本帝国憲法が最高の位置にあって、法律、勅令、省令と続き、ほぼ今日と似た順番になります。勅令は、天皇の命令ですが、枢密院《すうみついん》で審議してから出す行政上の命令です。

欽定憲法だから勅令が法律よりも強いと誤解されがちで、とくに教育の世界では小学校令や国民学校令をはじめ、法律ではなく勅令で学校制度を定めていました。しかし、大日本帝国憲法は帝国議会の協賛を経た法律を勅令より上位に置いた立憲君主制を原則としており、法律よりも強い緊急勅令を出した場合も帝国議会が後に承認しない場合は無効になります。この原則は大日本帝国憲法第八条と第九条に明記されています。

「強弱」の順位を記すと図のようになります。国と国との間の条約は、この原則を超えて効力を持つ場合があります。敗戦でポツダム宣言を受諾したのち、国内の法令などを停止できたのもこの例です。

上位の法令は、下位の法令に具体的な解釈などを「別に定める」としてゆずることがあります。そして下位の法令が上位の法令「に定める」と明示して、上位の法令の具体的な解釈を記します。こうして法令の体系、法令の秩序が成り立ちます。この法令の秩序のなかに、法令ではない「君主の著作」がまぎれこむと混乱が生じます。これが戦前の教育勅語体制において、勅令で教育勅語を原則として引用しなかった理由です。

法令の外にあるからこその影響力

教育勅語は、勅令と似ているように思えますが、法令として法的拘束力のある「勅令」と

効力	今日の日本	近代の日本
強 ↑ ↓ 弱	日本国憲法 法律（皇室典範を含む） 政令 省令 その他	大日本帝国憲法・皇室典範 （緊急勅令） 法律 勅令 省令 その他

法令の強弱（上位法優位の原則）
地方自治体の条例は国の法令が及ばない範囲で地方議会で定められる。

「おことば」として君主の著作にすぎない「勅語」は区別されます。さらに「国務《こくむ》詔勅《しょうちょく》」とも区別されます。

「国務詔勅」とは、大日本帝国憲法の第五十五条第二項で「凡《すべ》テ法律勅令其ノ他国務ニ関ル詔勅ハ国務大臣ノ副署《ふくしょ》ヲ要ス」と定めるものです。内閣総理大臣や担当の大臣などが天皇の後に署名（副署）する必要があり、政治的に効力を持ちうる声明となります。第1部でみたように教育勅語は副署もありませんので、この「国務詔勅」でもないのです。

大日本帝国憲法ができてすぐなので、混乱していたのではないかという推測があるかもしれません。大日本帝国憲法の効力は「明治二十三年」の「議会開設ノ時」すなわち一八九〇（明治二三）年一一月二九日だから、同年一〇月三〇日の教育勅語は施行日のぎりぎり一か月前なので憲法と関係ないのではないかという理屈もあり得ます。でも、そんな心配はご無用です。教育勅語を起草したのは、大日本帝国憲法の起草メンバーにして、今流に言えば憲法の番人たる法制局長官の、井上毅ですから。

井上毅は、一八九〇（明治二三）年六月二〇日に勅語の草案を内閣総理大臣山県有朋に送ったときに、「第一此勅語ハ他之普通之政治上の勅語と同様一例なるべからず」として、大日本帝国憲法第五十五条の国務詔勅との区別を明確にして、「政治上之命令と区別して社会上之君主の著作広告として看《み》ざるべからず」と述べています。つまり法令ではなく、明治天皇が社会に発表した「君主の著作」だということです。

この法制局長官井上毅の方針はその後も一貫しており、最終的に一〇月二〇日に内閣から天皇の裁可を求めた教育勅語の請議案では、「軍人ノ勅語ト同一ノ体ニテ別ニ文部大臣等ノ副署ナシ」と国務詔勅との違いも説明しています。道徳と法律が違うものだというのは近代の法律学の前提ですが、道徳を勅令として出すことの混乱を防いで、「君主の著作」として広めようとする方針が明確になっています。

これを受けて、一〇月三〇日に宮中で山県有朋と文部大臣の芳川顕正に教育勅語が渡されます。この教育勅語を、翌日三一日の政府の新聞『官報』第二二〇三号で発表するわけですが、これは文部省訓令第八号の附属文書として告示されます。この「訓令」とは、上位法優位の原則で言えば、法的拘束力をもたない大臣による見解の表示であって、文字通り教育的指導のようなものです。前ページの表では最下位の「その他」の位置づけです。この訓令に引用された教育勅語は法令体系で言えば、『官報』に掲載されても、法令の外側に位置づけられたままのわけです。

もちろん、これは井上毅の設計のとおりであり、けっして教育勅語を軽視したのではありません。この『官報』を受けて、新聞各紙は教育勅語を転載して普及していきます。そして、学校儀式の神聖なツールとして広がっていくのです。「君主の著作」に対して、これを古典を解釈するような注釈書、教育勅語衍義《えんぎ》書も多く刊行されました。法令ではないがゆえの強い影響力を持っていったわけです。

後法優位で勅語を廃せるか

法律の基礎用語として、後法の優位、後法優位の原則というものがあります。同じ力の法律であれば、後からできた法律で改められるというものです。教育勅語の精神を意味する「皇国ノ道」を掲げた国民学校令という勅令は、一九四七（昭和二二）年の学校教育法の制定によって廃止されました。これは勅令を法律で廃止していますから、後

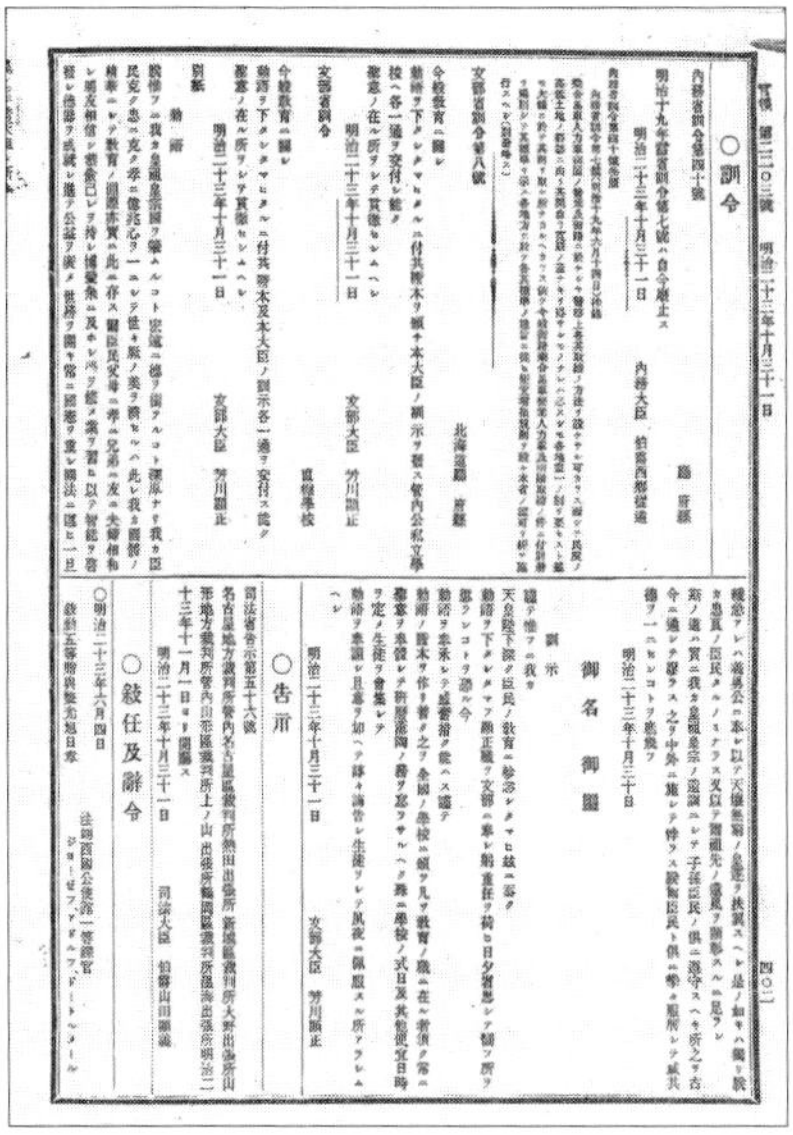

教育勅語を引用した、文部省訓令第8号。
教育勅語は訓令の「別紙」として添付された形式である。『官報』第2203号、1890（明治23）年10月31日。文面は第3部に収録。

法優位の原則とともに、上位法優位の原則の例でもあります。現在の学校教育法は、毎年のように「学校教育法の一部を改正する法律」などによって、同じ法律によって、部分的に改正されているのは、後法優位の原則です。

さて、君主の著作として出された教育勅語は、戦後、どうなるでしょう。ポツダム宣言を受諾した日本国は、連合国、具体的に連合国軍最高司令官総司令部（GHQ）の占領下に置かれます。GHQからは、一九四五（昭和二〇）年一二月一五日の国家神道の禁止、一二月三一日には修身、日本歴史、地理の停止を指令します。また文部省も一九四六年一〇月八日には教育勅語などの奉読や神格化を排除する通達を出しました。そして一九四七年三月三一日には教育基本法と学校教育法が公布されたわけです。しかし、教育勅語の排除や失効が国会で決議されたのは、一九四八年六月一九日まで遅れました。

教育勅語が法令であれば簡単に法令の原則によって無効にできたでしょう。しかし、「君主の著作」として設計された文書であったがゆえに、廃止の手続きが存在せずに、長い時間がかかったわけです。井上毅が考えた「君主の著作」としての教育勅語の性格は、現在も教育勅語をめぐって議論が継続していく前提をなしています。このことは第8節であらためて考えましょう。

第4節　モノとしての教育勅語――原本と謄本

教育勅語という「もの」に、戦前戦中の子どもたちは、どんなかたちで触れたでしょうか。

国定教科書で読み方が確定した

明治、大正、昭和戦前戦中期に、もっとも多くの子どもたちが見ていた教育勅語は、修身の教科書に印刷されていた教育勅語です。じつは教育勅語が出されて二十年ほどは、教育勅語全文が教科書に掲載されていたのではありませんでした。一九一〇（明治四三）年度から使用された第二期の国定修身教科書になって、尋常小学校四年生用の巻四の冒頭に、カタカナで読みのついた教育勅語が冒頭に掲げられました。これからあと、大正期と昭和戦前戦中期の子どもたちは、修身教科書に見開きでレイアウトされた教育勅語の印刷版を所持していたことになります。なお四年生用はフリガナがありますが、五年生用からはフリガナがありません。

この国定修身教科書があることによって、小学校で子どもに全文を読ませる指導が可能になります。フリガナがありますから、読み方を全国で同じように指導できます。こうして教育勅語の全文を丸暗記して、暗誦《あんしょう》（暗唱）や暗写を指導することが可能になったわけです。

学校に渡された謄本は二種類

学校行事で校長が読み上げるものが、教育勅語の謄本《とうほん》です。市町村の役所にある戸籍の内容を全部複写したものを戸籍謄本といいますが、この謄本と同様に、全文を筆記や印刷で複製したものです。これは写しに過ぎませんが、次節で説明する学校儀式では、敬意を表すべきものとして扱われます。校長が読み上げるときには当初は静かに聴くだけでしたが、教職員も児童も参列者も一斉に最敬礼するようになりましたので、見ることはできません。

教育勅語が出された翌日、一八九〇（明治二三）年一〇月三一日の文部省訓令第八号に「訓示」とある文章で、「教育勅語ノ謄本ヲ作リ普《あまね》ク之《これ》ヲ全国ノ学校ニ頒《わか》ツ」と述べているように、すべての学校に謄本が渡されました。天皇と皇后の写真である「御真影」は、選ばれた学校から渡されていったことと対照的です。翌年四月八日の小学校設備準則では御真影や教育勅語の謄本を置く位置の整備が定められ、これも後には奉安殿などの特別の施設がつくられます。同年六月一七日には小学校祝祭日大祭儀式規程が定められて、校長が教育勅語を読み上げて、演説することが定められました。このように、教育勅語の謄本を用いた学校儀式が、早くから実施されていたのです。

学校に渡された謄本は、岩本努氏の研究によって、当初の謄本（明治謄本）と、関東大震災で印刷原版が失われた後の、新しい謄本の二種類があることが知られています。

「教育ニ関スル勅語」『尋常小学修身書』巻四
1910（明治43）年度以後に使用された第二期国定修身教科書の冒頭の見開きに教育勅語がカタカナのフリガナつきで掲載されている。

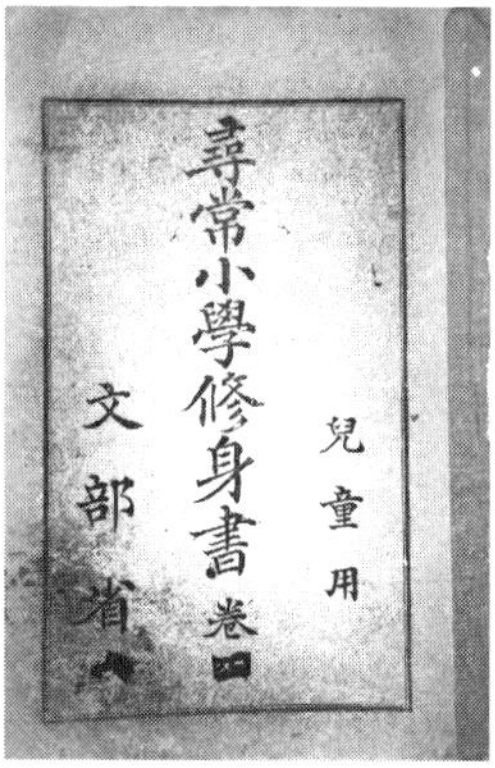

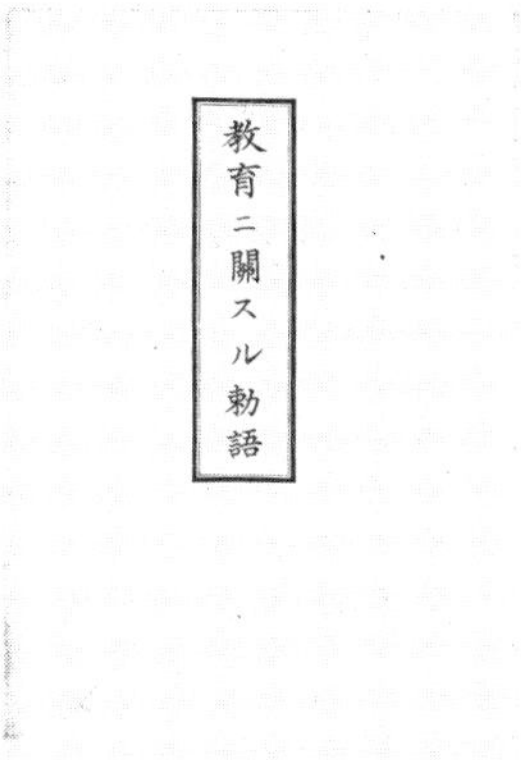

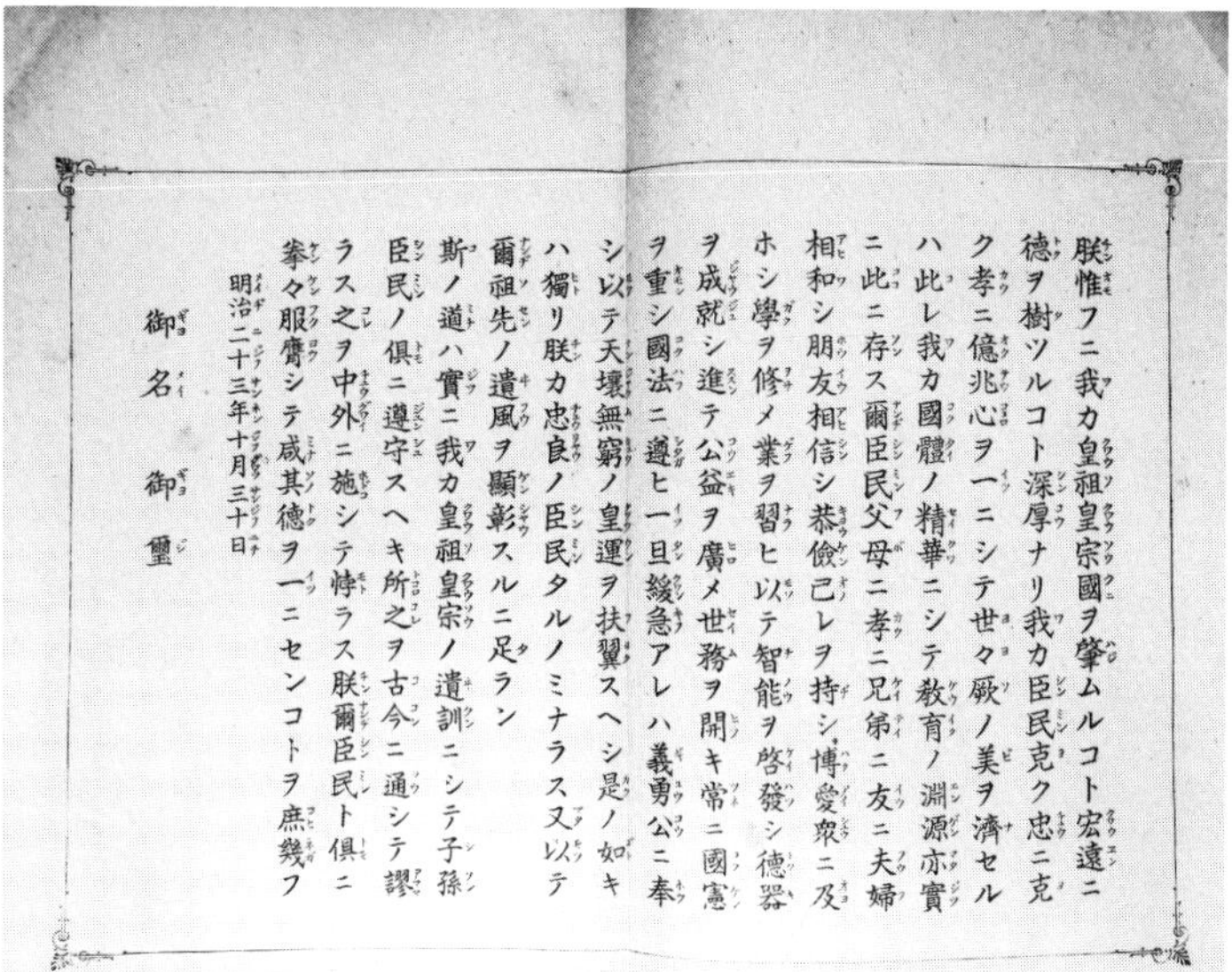
朕《チン》惟《オモ》フニ我《ワ》カ皇《クワウ》祖《ソ》皇《クワウ》宗《ソウ》國《クニ》ヲ肇《ハジ》ムルコト宏《クワウ》遠《エン》ニ
徳《トク》ヲ樹《タ》ツルコト深《シン》厚《コウ》ナリ我《ワ》カ臣《シン》民《ミン》克《ヨ》ク忠ニ克《ヨ》
ク孝《カウ》ニ億《オク》兆心《ココロ》ヲ一《イツ》ニシテ世《ヨ》々《ヨ》厥《ソ》ノ美《ビ》ヲ濟《ナ》セル
ハ此《コ》レ我《ワ》カ國《コク》體《タイ》ノ精《セイ》華《クワ》ニシテ教《ケウ》育《イク》ノ淵《エン》源《ゲン》亦《マタ》實《ジツ》
ニ此《ココ》ニ存《ソン》ス爾《ナンヂ》臣《シン》民《ミン》父《フ》母《ボ》ニ孝《カウ》ニ兄《ケイ》弟《テイ》ニ友《イウ》ニ夫《フウ》婦《フ》
相《アヒ》和《ワ》シ朋《ホウ》友《イウ》相《アヒ》信《シン》シ恭《キヨウ》儉《ケン》己《オノ》レヲ持《ヂ》シ博《ハク》愛《アイ》衆《シユウ》ニ及《オヨ》
ホシ學《ガク》ヲ修《ヲサ》メ業《ゲフ》ヲ習《ナラ》ヒ以《モツ》テ智《チ》能《ノウ》ヲ啓《ケイ》發《ハツ》シ徳《トク》器《キ》
ヲ成《ジヤウ》就《ジユ》シ進《ススン》テ公《コウ》益《エキ》ヲ廣《ヒロ》メ世《セイ》務《ム》ヲ開《ヒラ》キ常《ツネ》ニ國《コク》憲《ケン》
ヲ重《オモン》シ國《コク》法《ハフ》ニ遵《シタガ》ヒ一《イツ》旦《タン》緩《クワン》急《キフ》アレハ義《ギ》勇《ユウ》公《コウ》ニ奉《ホウ》
シ以《モツ》テ天《テン》壤《ジヤウ》無《ム》窮《キウ》ノ皇《クワウ》運《ウン》ヲ扶《フ》翼《ヨク》スヘシ是《カク》ノ如《ゴト》キ
ハ獨《ヒト》リ朕《チン》カ忠《チユウ》良《リヤウ》ノ臣《シン》民《ミン》タルノミナラス又《マタ》以《モツ》テ
爾《ナンヂ》祖《ソ》先《セン》ノ遺《ヰ》風《フウ》ヲ顯《ケン》彰《シヤウ》スルニ足《タ》ラン
斯《コ》ノ道《ミチ》ハ實《ジツ》ニ我《ワ》カ皇《クワウ》祖《ソ》皇《クワウ》宗《ソウ》ノ遺《ヰ》訓《クン》ニシテ子《シ》孫《ソン》
臣《シン》民《ミン》ノ倶《トモ》ニ遵《ジユン》守《シユ》スヘキ所《トコロ》之《コレ》ヲ古《コ》今《コン》ニ通《ツウ》シテ謬《アヤマ》
ラス之《コレ》ヲ中《チユウ》外《グワイ》ニ施《ホドコ》シテ悖《モト》ラス朕《チン》爾《ナンヂ》臣《シン》民《ミン》ト倶《トモ》ニ
拳《ケン》々《ケン》服《フク》膺シテ咸《ミナ》其《ソノ》徳《トク》ヲ一《イツ》ニセンコトヲ庶《コヒ》幾《ネガ》フ
明《メイ》治《ヂ》二《ニ》十《ジフ》三《サン》年《ネン》十《ジフ》月《グワツ》三《サン》十《ジフ》日《ニチ》
御《ギヨ》名《メイ》
御《ギヨ》璽《ジ》

草案と各種原本をくらべてみると

さて、謄本というのですから、原本はどうなっているかが気になりますね。まず、教育勅語をつくるための草案は、関係者や政府機関が保管して、戦前も一部が公開され、戦後は多くの研究者によって調査されました。

教育勅語の文案が決まって最終的に天皇の裁可を求めた原案は、教育勅語が出される一〇日前の一〇月二〇日に内閣総理大臣山県有朋が「徳教ニ関スル勅語ノ件」に添付して天皇に上奏し、二四日に裁可され、天皇の裁可を示す「可」の朱印が押されたものがあります。教育勅語には定まったネーミングがありませんから、このときは「徳教ニ関スル勅語」と呼んでいます。この直前の原案は『公文類聚《こうぶんるいしゅう》』に収録され、国立公文書館に所蔵されています。これは「原本」と言えます。

教育勅語は、小学校教員を養成する師範学校の教員を養成する高等師範学校（現在の筑波大学）に渡すのか、小学校令とともに公布するのかと、発表の仕方が議論されていました。最終的には一〇月三〇日に内閣総理大臣と文部大臣を宮中に呼んで、「金罫紙《きんけいし》」の勅語を「黒塗御《くろぬりご》紋付箱《もんつきばこ》」で渡すという方式が確定して、実施されます。このシーンを再現した絵画は、「教育勅語御下賜之図」として現在も明治神宮外苑の明治聖徳記念絵画館で公開されています。

このとき渡された教育勅語は、文部省に保管され、戦前も一九四〇（昭和一五）年一〇月二六日から二八日に教学局（文部省に置かれた思想を監督する官庁）が主催した「教育に関する勅語

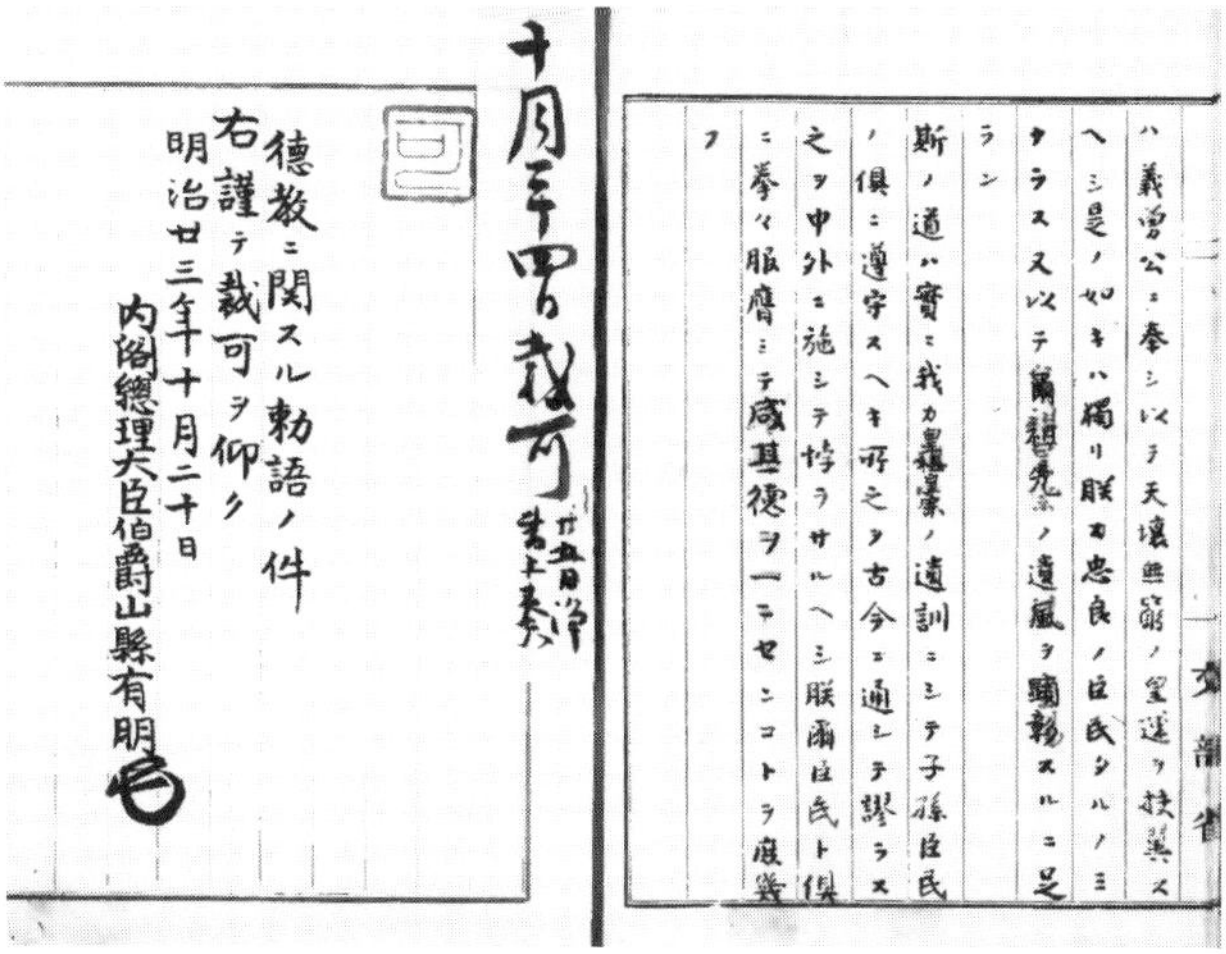
十月三十日裁可
可
徳教ニ関スル勅語ノ件
右謹テ裁可ヲ仰ク
明治廿三年十月二十日
内閣總理大臣伯爵山縣有朋

ハ義勇公ニ奉シ以テ天壌無窮ノ皇運ヲ扶翼ス
ヘシ是ノ如キハ獨リ朕カ忠良ノ臣民タルノミ
ナラス又以テ爾祖先ノ遺風ヲ顕彰スルニ足
ラン
斯ノ道ハ實ニ我カ皇祖皇宗ノ遺訓ニシテ子孫臣民
ノ倶ニ遵守スヘキ所之ヲ古今ニ通シテ謬ラス
之ヲ中外ニ施シテ悖ラサルヘシ朕爾臣民ト倶
ニ拳々服膺シテ咸其徳ヲ一ニセンコトヲ庶幾
フ
文部省

天皇の朱印により裁可された原案「閣議請議書」
国立公文書館蔵

今ニ通シテ謬ラス之ヲ中外ニ施シテ悖ラス
朕爾臣民ト倶ニ拳々服膺シテ咸
其徳ヲ一ニセンコトヲ庶幾フ
明治二十三年十月三十日
睦仁

大臣に渡された金罫紙の原本
関東大震災で火災にさらされ、変色している。
国立公文書館蔵

渙発五十周年記念資料展」の「特別室」で公開されました。展覧会目録には、「明治二十三年十月三十日総理大臣山県有朋文部大臣芳川顕正を宮中にお召し遊ばされて御下賜になつた教育に関する勅語原本を奉安す。」とあります。

大切にされていたはずですが、戦後は一九

六二（昭和三七）年に日本橋の百貨店で展示されたあとに行方不明になり、二〇一二（平成二四）年一〇月に東京国立博物館にある保管庫でふたたび見つかり、国立公文書館に移管されました。この再発見は二〇一四（平成二六）年四月に各新聞が報道しており、現在は国立公文書館のウェブページで公開されています。これもたしかに「原本」と呼べるものです。

しかし、事情は複雑です。当初は高等師範学校に渡すという計画でしたが、教育勅語を受けとった二日後、一八九〇（明治二三）年一一月一日に芳川顕正が山県有朋にさらなる提案をします。天皇のサインである「御名《ぎょめい》ヲ親署《しんしょ》セラレ」、天皇の印である「御璽ヲ鈐《けん》セラレ」（鈐は印を押すこと）という条件の、「親署鈐璽《しんしょけんじ》」の勅語を直轄《ちょっかつ》学校に渡すという提案をしたのです。

山県はこの提案を奏上して、明治天皇の裁可を求め、「可」の朱印を得たプロセスを、佐藤秀夫があきらかにしています（『続・現代史資料8　教育1』（みすず書房））。直轄学校というのは政府が直接に設置した学校で、当時は帝国大学や高等師範学校、高等学校など官立の二四校がありました。そして一二月十三日には「毎冊箱入」の二十四冊を文部省が受け取ります。つまり、「睦仁《むつひと》」の署名と「天皇御璽」の朱印のあるものが二十四点つくられて、主要な官立学校に渡されたことを意味します。この二十四点は文部省の一点同様に、「親署鈐璽」のスタイルです。これも、正規の手続きで明治天皇が自らサインしたもので、「謄本」ではなく、「原本」です。

この二十四点のその後は、残念ながら一点を除き不明です。現在の東京大学は、この直轄学校二十四校のうちには、帝国大学（現在の東京大学）、法科大学（現在の東京大学法学部、以下同じ）、医科大学、工科大学、文科大学、理科大学、農科大学、第一高等中学校（現在の東京大学教養学部）が含まれますから、八箱八冊が東京大学の前身校にあったはずです。しかし、本書の口絵にある、海後宗臣が『教育勅語成立史研究』で紹介した一点以外は、東京大学には伝わっていない模様です。私自身が東京大学史史料室（現在の東京大学文書館）で、責任者の中野実のもとで教務補助員をしていたときに調査しましたが、この黒塗りの箱に収められた一冊がどの前身校から伝来したものかは不明でした。

この東京大学所蔵の教育勅語原本は、関東大震災で焦げ茶色に劣化した旧文部省所蔵の教育勅語原本と比較して、保存状態が良好です。また、一八九〇（明治二三）年一〇月二〇日に内閣総理大臣山県有朋上奏の「徳教ニ関スル勅語ノ件」の添付草案、三〇日に渡された旧文部省所蔵の教育勅語原本、一〇月三一日『官報』掲載の文部省訓令第八号に添付された印刷版には、一貫して「世々《よよ》」と「拳々服膺《けんけんふくよう》」という踊り字の使用があります。これを近代詔勅の漢文訓読調として認めることはできますが、略式の書き方です。この点で「世世」と「拳拳服膺」と書いた東京大学所蔵の教育勅語原本は、文章としては適切なものです。東京大学所蔵の教育勅語原本は、旧文部省所蔵の教育勅語原本の「異本《いほん》」と言えますが、読解に適したテキスト、つまり「善本《ぜんぽん》」と言えると判断します。このため、本書第1部ではこれを底本に用いました。この箇所を対照すると表のようになります。

年月	文書名など	本文の異同	明治天皇の署名捺印
1890(明治23)年10月23日裁可	閣議請議書『公文類聚』国立公文書館所蔵	「世々」「拳々服膺」	「可」捺印
10月30日	文部省旧蔵原本 国立公文書館所蔵	「世々」「拳々服膺」	「睦仁」署名と「天皇御璽」捺印
10月31日	文部省訓令第8号『官報』第2203号	「世々」「拳々服膺」	「御名御璽」
12月13日以後	東京大学所蔵原本 東京大学文書館	「世世」「拳拳服膺」	「睦仁」署名と「天皇御璽」捺印
明治期	謄本(明治謄本)	「世世」「拳拳服膺」	「御名御璽」
1910(明治43)年度以後	第2期国定修身教科書	「世々」「拳々服膺」	「御名御璽」
1912(明治45)年1月4日	朝鮮総督府訓令第1号『官報』第8572号 1912(明治45)年1月19日号	「世々」「拳々服膺」追加文言あり	「御名御璽」
関東大震災以後	謄本(震災後謄本)	「世世」「拳拳服膺」	「御名御璽」
1918(大正7)年度以後	第3〜5期国定修身教科書	「世々」「拳々服膺」	「御名御璽」

教育勅語の原本と謄本の内容比較

学校儀式では日本中の学校では、原本を受けた帝国大学などでも、謄本を受けた小学校などでも、「世世」「拳拳服膺」とある文面を読み上げていたわけです。しかし、『官報』でも修身教科書でも「世々」や「拳々服膺」となっていました。発声すれば「よよ」「けんけんふくよう」で違いがないので問題はないのですが、小学校で暗写が試験される時代になると、二文字が違うことになります。しかし原本は奉安殿にあって通常は教師も見ないのですから、「世々」と「拳々服膺」が正解になるわけですね。

なお、植民地となった朝鮮では、教育勅語の「明治二十三年十月三十日」に続けて、次行に「朕曩《さき》ニ教育ニ関シ宣諭《せんゆ》スルトコロ今茲《ここ》ニ朝鮮総督ニ下付ス」「明治四十四年十月二十四日」「御名御璽」とある朝鮮版教育勅語があります。これは、一九一二（明治四五）年一月四日に朝鮮総督府訓令第一号の別紙として公示され、朝鮮で使用されました。これもテキストとして「異本」であり、同様に謄本が朝鮮の学校儀式で使用されていました。

また教育勅語を「爾臣民」のところで改行して三段落に分けるテキストをみることがありますが、ここで述べたテキストの本文はすべて形式段落は二つです。

第5節 物神となった謄本と「御真影」――学校儀式と不敬事件

教育勅語は暗誦していたが、その意味は知らないという話を高齢者からたびたび聞きます。そうした戦前戦中の学校教育経験者からは、教育勅語を校長が読み上げる学校儀式の思い出もうかがいます。子どもたちは修身科の授業で教育勅語にもとづく道徳教育を知識として受けるだけではなく、教育勅語を、耳で聞いたり、目で見たりすることで、行動の一部として身体化していく教育を受けていました。

キリスト教会が日本の学校のモデル

授業のはじまりごとに、「起立、礼、着席」と号令が響きます。小学校、中学校、高等学校でこうした経験をした人が大多数ですし、先生や生徒である読者は現在も日常の光景でしょうか。これは明治の初めから日本の学校に普及した、教場指令法と呼ばれるアメリカ方式の教育技術です。アメリカ式では「ワン、ツー、スリー」と言うのですが、日本式は「礼」という古式ゆかしい言葉が入るわけです。各県ごとに方式を考えて、その地域の師範学校を通じて広がりましたので、二十一世紀になっても県ごとに微妙な違いがあります。起立したあとに「注目」と続く群馬県の号令は、知る人ぞ知るローカルルールです。もちろん、導入から百年以上経過しましたから、号令のない学校も増えています。

教場指令法は、学校独自のものなので、国の法律などでは決められていません。しかし、現在の学習指導要領では、特別活動として学校行事が定められていて、入学式や卒業式では国旗を掲揚して国歌を斉唱することになっています。こうした学校儀式は、時代につれて変化しつつ、長く存在してきました。

どんな文化圏でも、儀式のルールがあるものです。古代中国の儀式は、儒教の経典である礼経により、古代から日本に影響を持ちました。学校では、孔子に敬意を示す釈奠《せきてん》という儀式がおこなわれ、日本では古くは律令の学令《がくりょう》に規定されています。これは江戸時代の昌平坂学問所でも引き継がれました。戦後に再建された建物ですが、いまでも東京都文京区の湯島聖堂という釈奠の施設を見学することができます。釈奠に限らず、儒教では学校での儀式は古くから重要なものとして礼経に位置づけられています。

神社のお祭りもそうですが、儀式に参加すると、見るだけではなく、なんらかの行為をします。体を清めて特別な衣服を着たり、神輿《みこし》を担いだり、特別な言葉を唱えたりと、さまざまです。祭り囃子《ばやし》と夜店に誘われてお参りに行った人も、お賽銭《さいせん》を出したり、柏手《かしわで》を打ったりしますね。また儒教の儀礼では、儀礼が終わったあとに、供えられた食べ物が振るまわれることも、古代からの楽しみでした。

しかし、いまに至る学校儀式は、神道や儒教につながるものではなく、西洋近代の学校儀式です。キリスト教の学校では、教会の儀式に準じて、賛美歌を歌ったり、神父や牧師などの聖職者が聖書の一節から説教をしたりします。現在の日本のキリスト教主義の学校や教会の日曜学校でもおこなわれますから、参加したことのある人もいるでしょう。西洋近代の学校儀式は、これをモデルに、賛美歌ではなく学校教育のためにつくられた唱歌やその国の国歌を歌ったり、聖職者ではない校長などの教員の代表が講話をしたり、国王の肖像画や国旗を掲げるなど、さまざまな様式があります。こうした見聞を、留学経験者たちは持っていました。

森有礼が学校儀式を確立

学校儀式のモデルを確立したのは、初代文部大臣となった森有礼《もりありのり》です。彼は薩摩藩が幕末に派遣したイギリス留学生でした。一八八七（明治二〇）年に彼は、今日の建国記念の日にあたる「紀元節《きげんせつ》」と、明治天皇の誕生日である「天長節《てんちょうせつ》」に、各学校で「祝賀会」をおこない、「唱歌」を歌い、「忠君愛国《ちゅうくんあいこく》ノ志気」を高めるべきだとして、「御真影《ごしんえい》」と呼ばれる天皇や皇后の肖像画を掲げることを勧めました。

この前提には、小学校でおこなう音楽教育のための唱歌の作詞作曲が進んできたことがあります。しかし、「御真影」は、一八七二（明治五）年から官庁や在外公館などに渡されていましたが、宮内省から学校に渡す事例はまれでした。このため、まずは師範学校や中学校などの中等教育機関から交付がはじまり、一八八九年から条件の整った小学校にも渡され、学校儀式で掲げられるようになりました。

一八七二（明治五）年当初の御真影は和風の束帯姿《そくたいすがた》や直衣姿《のうしすがた》の撮影写真によるもので、翌年からは西洋風の軍服を着用した撮影写真になります。しかし、一八八八（明治二一）年には、大蔵省の御雇外国人であるイタリア人画家のキョッソーネの描いた西洋画を、写真師の丸木利《まるきり》陽《よう》が撮影した写真を原版に、印刷したものになりました。

西洋の知識を広げた明六社のリーダーであり、クリスチャンである森有礼が、「忠君愛国」のために「御真影」を掲げる学校儀式を推進したことは、不思議に思えるかもしれません。しかし、西洋をモデルにした近代国家を確立しようとした彼にとっては、西洋近代の学校儀式を導入することこそが近代化と思えたのでしょう。「天長節」や「紀元節」は古風に思えますが、じつは、一八七二（明治五）年の太陽暦導入のときに、古代の朝廷の儀式と関係なく定められた新しい記念日です。

その後の話ですが、森有礼は、大日本帝国憲法の公布式典に参列する準備をしていた自宅で、伊勢神宮での不敬行為があったとする報道に憤激した刺客に襲われ、翌日死亡します。近代化の矛盾を象徴する出来事でした。

森有礼《もりありのり》
1847年～1889（明治22）年2月12日
国立国会図書館「近代日本人の肖像」より

「最敬礼」ってなんのこと？

一八九〇（明治二三）年一〇月三〇日に教育勅語を受けとった文部大臣芳川顕正は、翌三一日に訓令を発して、教育勅語の「謄本」を全国の学校に渡すので、儀式のときに奉読するように求めました。そして翌年六月一七日に、文部省令として「小学校祝日大祭日儀式規程」が出されます。そこで定められた儀式は次のようになります。

❶ 学校長、教員、生徒が「天皇陛下及皇后陛下ノ御影《ぎょえい》」つまり「御真影」に対して、深く頭を下げる「最敬礼」をおこない、「両陛下ノ万歳」を「奉祝」する。

❷ 学校長または教員が「教育ニ関スル勅語」つまり教育勅語を読み上げる。

❸ 学校長または教員が教育勅語についての「誨告《かいこく》」つまり講話や、その祝日大祭日にふさわしい「演説」をして、「忠君愛国ノ志気」を高める。

❹ 学校長、教員、生徒が、その祝日大祭日にふさわしい「唱歌」を合唱する。

このマニュアルにしたがって、一月三日の元始祭《げんしさい》、二月一一日の紀元節、一〇月一七日の神嘗祭《かんなめさい》、一一月三日の天長節、一一月二三日の新嘗祭《にいなめさい》と年五回におこない、さらに一月三〇日の孝明《こうめい》天皇祭、三月春分の日の春季皇霊祭《しゅんきこうれいさい》、四月三日の神武《じんむ》天皇祭、九月秋分の日の秋季皇霊祭の年四回では❸と❹のみ、一月一日は❶と❹のみという省略方式でおこなうと定められました。

しかし、合計一〇回は多いですね。一八九三（明治二六）年五月五日には、森有礼の時代と同じく紀元節と天長節だけになり、元始祭一月三日ではなく「一月一日」の元旦に❶と❹のみをおこなうようになります。この三つの日は「三大節《さんだいせつ》」と呼ばれ、その後も学校儀式の中心と位置づけられました。

儀式をおこなうために必須のものが、❶の「御真影」と、❷の「教育勅語」です。宮内省からの正式の御真影の配付は限られていましたので、御真影がない学校では❶の敬礼は省略することになっています。それでは格好がつかないので、公式の御真影の複製をつくることも容認されていました。

いっぽうで教育勅語は原則としてすべての学校に、「御名御璽」と印刷された「謄本」が配付されていました。この「御真影」と「謄本」は、儀式をしていない日常でも、丁重に扱われます。一八九一（明治二四）年四月八日の小学校設備準則では、これらを「奉置《ほうち》」する場所を定めるように明記されています。しかし、倉庫や戸棚では紛失盗難や火災での焼失があるために、「奉安殿《ほうあんでん》」と呼ばれる小さなコンクリート造の建物が大正昭和期には広がっていきます。

第三期国定修身教科書「祝日」の挿絵
学校儀式で女性教員がオルガンを弾いて児童が唱歌を歌う。
文部省『尋常修身書』巻三、1919（大正8）年、30頁

実際の儀式をどうするかを統一するのは、ずいぶんとたいへんです。「最敬礼」は、警察官の挙手の敬礼のように、右手を頭に掲げると思う人がいるかもしれませんが、深々としたお辞儀のことです。当時の教員も分からなかったようで、一八九一（明治二四）年七月三日にわざわざ文部省が、帽子を脱いで上半身を前に傾けて手は膝《ひざ》に当てるものだと定めて、しかし女性が洋服の場合は帽子を脱がないことになっていると説明文書である通牒《つうちょう》を配付しています。

さらに一九〇〇（明治三三）年八月二一日の小学校令施行規則で、この儀式の一部が改正となります。

❶ 職員と児童が「君カ代」を合唱する。【新しく追加】

❷ 職員と児童が「天皇陛下及皇后陛下ノ御影」つまり「御真影」に対して、深く頭を下げる「最敬礼」をおこなう。【万歳はなくなる】

❸ 学校長が「教育ニ関スル勅語」つまり教育勅語を読み上げる。【学校長に限定される】

❹ 学校長が教育勅語について「誨告《かいこく》」する。【祝日大祭日にちなむ演説はなくなる】

❺ 職員と児童が、その祝日大祭日にふさわしい「唱歌」を合唱する。

教育法令の用語が整備され、学校長と教員事務職員を「職員」と総称し、小学校の学習者を中学校などの生徒と区別して「児童」と呼ぶことになった時期です。このかたちで戦前の学校儀式が定まり、一九二七（昭和二）年からは「三大節《さんだいせつ》」（元日、紀元節、昭和天皇の誕生日としての天長節）に明治天皇の誕生日に当たる一一月三日の明治節を加えて「四大節《しだいせつ》」となります。なお、小学校の音楽教育のなかで、一九〇七（明治四〇）年まで唱歌は開設しなくてよい随意科目《ずいいかもく》になっていました。このため、唱歌を指導していない学校では、❶と❺は省略することになっています。たしかに、練習なしに歌いはじめたら、儀式はたいへんなことになりますね。

また、一九〇〇（明治三三）年の小学校令施行規則には書いてありませんが、先立つ一八九一年の儀式規程には、「茶菓《さか》」を参加した大人や子どもに配ってよいと明記されていました。儀式の食物は、儒教の礼経《らいきょう》以来のしきたりですね。この慣例はその後も続けられ、学校によって違いがありますが、儀式のときに頭を下げているのはたいへんだが、「紅白まんじゅう」や「お団子」などをもらうのが楽しみだったというご高齢の体験者も少なくありません。

修身教科書に掲載された「サイケイレイ」の挿絵
洋装制服の女子児童が最敬礼をしている様子。
文部省『ヨイコドモ』下巻、1941（昭和16）年、4-5頁

「君が代」だけが残った

ここですこし、「君が代」について述べます。一八九一（明治二四）年の「小学校祝日大祭日儀式規程」では最後に合唱がおこなわれ、一九〇〇年八月二一日の小学校令施行規則では冒頭で「君が代」が合唱されて、最後に唱歌を合唱することになっていました。

明治維新政府は近代西洋の音楽を国内に定着させることに努力しました。近代の様式の軍隊には行進曲や軍歌が必要となり、学校でも音楽教育を始めようとします。このため陸海軍の軍楽隊が置かれ、子どもの唱歌のために文部省の音楽取調掛《とりしらべがかり》が置かれます。

学校儀式で歌われた「君が代」も、近代の新しい楽曲です。宮内省雅楽課伶人《ががくかれいじん》の奥好義《おくよしいさ》の原曲に、海軍軍楽隊の御雇《おやとい》外国人教師であるドイツ人フランツ・エッケルトが洋楽の和声をつけて、一八八〇（明治一三）年の天長節に初演したものが、今日の国歌「君が代」の原曲です。作曲者は本当の作者は記されず、奥の上司である林広守《はやしひろもり》の作曲として表示されて、現在に至ります。このほか、エッケルトの前任者のイギリス人ジョン・ウィリアム・フェントン作曲や、音楽取調掛作曲のものなど、異なる譜面もありました。

歌詞は、九〇五（延喜《えんぎ》五）年の勅命による『古今集』の和歌が典拠とされましたが、後代の『和漢朗詠集《わかんろうえいしゅう》』などに収録されたテキストが用いられたので、本来の「わが君は」ではなく、誤伝された「君が代は」で始まる歌詞となって、現在に至っています。

一八九一（明治二四）年のマニュアルによって儀式をおこなうときに、歌う唱歌も何を選べば良いか困りますので、一二月二九日には文部省や現在の東京藝術《げいじゅつ》大学音楽学部の前身にあたる東京音楽学校の唱歌集から十三曲を通牒で提示しました。このリストには、「君が代」の楽譜が、『小学唱歌集初篇』のものと『中等唱歌集』のものと、二種類ありました。そして一八九三（明治二六）年八月一二日の文部省告示で、現在の「君が代」と同じ楽譜に絞られました。
この「君が代」だけが、現在の学校儀式でも使われているものとなります。なお、現在では演壇中央に置かれることの多い「日の丸」ですが、戦前の儀式規定には登場せず、教育勅語の時代の演壇中央には「御真影」が掲げられていました。

不敬事件を防ぐ一斉最敬礼方式

小学校の儀式マニュアルを中心に見ましたが、いち早く原本が渡された中等教育や高等教育の学校でも学校儀式がおこなわれます。文部省は、「小学校祝日大祭日儀式規程」より前に主要な学校の儀式実施について報告を求めて、政府の新聞の『官報』に掲載しました。現在の東京大学教養学部にあたる第一高等中学校でも、一八九一（明治二四）年一月九日午前八時に「勅語奉読式」が実施されました。

明治天皇の自筆署名のある「御宸署《ごしんしょ》ノ勅語」をうけた第一高等中学校の様子は、一月一四日の『官報』に掲載されています。まず式場の配置ですが、「倫理講堂」の中央に「天皇皇后両陛下ノ御真影」を掲げて、その前の卓上に「御宸署ノ勅語」を置き、その横に「忠君愛国ノ誠心ヲ表スル護国旗《ごこくき》」という柏葉マークの校旗を立てて儀式に臨みました。教員と生徒が奉拝《ほうはい》して、次に校長代理として久原躬弦《くはらみつる》という有機化学者が教育勅語を奉読しました。そして教員と生徒が五人ずつ順次に「御宸署ノ前」へと進んで「奉拝」する儀式がおこなわれました。

仏教の葬儀に参列して、最後に多数の参列者が前へと数人ずつ進んで、拝礼やお焼香をする経験はあるでしょうか。それと同じ方式で、教育勅語原本に五名ずつ頭を下げる儀式をしたことになります。このお焼香方式は、親しく故人や本尊に近づいて拝礼する本来の意図だけではなく、遺族や参列者にお礼をするなど、関係者にもご挨拶できることがメリットです。

しかし、お焼香の回数をまちがえないか、早すぎたり遅すぎたりしないかとドキドキしませんか。もちろんそこで無作法があっても、それだけ悲しんで動揺しているのだと認めあうものです。お供えする香奠《こうでん》の紙幣にあえて古く折れたものを使う慣習も、無作法の作法というべきものです。これは中庸を重んじる儒教の、礼経の精神にも通じるものです。

ところが、そう考えない若者たちが第一高等中学校にいました。この儀式に参加した嘱託講師の内村鑑三《うちむらかんぞう》が、敬礼を欠いたと騒ぎ始めたのです。内村鑑三は、アメリカに留学していたクリスチャンで、偶像崇拝を嫌っていました。しかし、社会的儀礼として、前に進みでてお辞儀をしていたのですが、それが深々とした最敬礼ではないと生徒が騒いだのです。

若者は社会体制に批判的で、きっと開明的な内村鑑三に同情的だろうと思えそうなものですが、明治半ばからの学生生徒には、むしろ西洋化を推進する教師たちを攻撃するカルチャーがありました。この西洋風に反発する文化は、その後の高等学校や中学校の生徒に受けつがれ、洋装制服を着崩して、和風の下駄《げた》を履《は》いて歩く「バンカラ」の文化として継承されます。

生徒は学校当局や新聞雑誌に騒ぎたて、内村鑑三が教育勅語に敬礼を欠いた、不敬事件《ふけいじけん》として知れわたります。この内村鑑三不敬事件は、内村鑑三が辞職し、彼の病中に代理人としてふたたび礼拝をおこなった物理学者の木村駿吉《しゆんきち》が解任されることで幕を閉じます。さらに『勅語衍義』の著者である井上哲次郎が取り上げて、次の「教育と宗教の衝突」論争に進みますが、それは第7節で説明します。

内村鑑三不敬事件のほか、日本各地の中学校などで、似たような不敬事件が多数発生します。おどおどと教師や子どもたちが儀式に臨んだ小学校よりも、若者の不満が爆発しやすい中等教育機関で起こるのが特徴です。刑法第百十七条では天皇などへの不敬罪を罰すべき犯罪として定めています。しかしこうした不敬罪に留まらず、広く天皇に関する事物への無礼や失礼という意味で、若者が教師を攻撃する材料にも不敬という言葉が用いられたわけです。

こうした不敬事件への儀式上のもっとも効果的な対策は、個人ごとに敬意を示すお焼香方式から、最敬礼を一斉におこなう方式に切り替えることでした。一斉最敬礼方式ならば、もし、「あの先生の敬礼は浅かった」と主張しても、「それを見ていた君は最敬礼していなかったのか！」と反論されますね。最敬礼、みんなですれば、こわくない、ということです。

不敬事件と殉職事件

こうした不敬事件は、大阪芸術大学の小股憲明《おまたのりあき》名誉教授によって実態が解明されてきました。儀式による不敬事件が減っていっても、教育勅語謄本や御真影を焼失することも明治期に十一件、大正期に八件ありました。学校校舎の焼失よりも大きく不敬として報じられて、校長以下の処分へと至るわけです。さらに、こうした焼失の責任を取って教師が自殺したり、身を挺して焼死したりする殉職事件があったことも、岩本《いわもと》努《つとむ》氏があきらかにしています。

さらに教員が校長を陥れるために、御真影や教育勅語謄本を隠したり、焼いたりする事件まで発生します。小股教授によると明治期に十件、大正期に十七件、昭和戦前期に八件もあるということです。火事だけではなく、部下にも注意していないと、クビになってしまうわけです。御真影を隠して身代金を求めるという事件も二件もありました。二つの事件ともに校長は犯人に身代金を支払っていました。

このために、学校が焼失しても、御真影や教育勅語謄本が焼失しないように、校舎から離れたコンクリート造りの奉安殿が普及していきます。こうした奉安殿は戦後に廃棄されますが、当時は目立った建築物でしたので、戦前の学校の記念写真集や絵はがきとして記録されていまに伝わります。

学校のシンボルとなった奉安殿
昭和期には学校が記念に奉安殿を絵はがきや卒業アルバムの写真に載せることが多い。耐火性のあるコンクリートブロック造の奉安殿（名古屋市南久屋尋常小学校・現在の名古屋市立栄小学校、1929（昭和4）年）。

第6節 教育勅語と学問の自由

この本では、教育勅語を読者が深く研究するための多様な視点や情報を提供しようとしています。それでは、教育勅語が力を持った時代に、教育勅語を研究することは可能だったのでしょうか。当時の視点や情報にどんなに限界があったのか考えてみましょう。

教育と学問を分離した森有礼

今日では日本国憲法第二十三条と教育基本法第二条によって、どんな教育機関でも、社会教育や家庭教育でも、あらゆる人に学問の自由が認められています。これは日本国憲法第二十一条の保障する表現の自由などとあいまって、出版や放送、個人でも発信できるインターネットなどを通じて、国際的な情報社会の前提となっています。

教育勅語の時代、つまり大日本帝国憲法の時代は、臣民の権利として学問の自由や表現の自由は、今日のような保障はありません。もちろん、西洋近代社会では学問や言論を自由におこなうことが革命後のフランスをはじめとして多くの国々で認められてきました。このことを、大日本帝国憲法の起草者たちも知っていたので、大日本帝国憲法第二十九条には、「言論著作印行《いんこう》集会及《および》結社ノ自由」が明記されています。しかし、「日本臣民ハ法律ノ範囲内ニ於《お》テ」との条件が付いていますので、印刷物の内容を検閲したり発行を禁止したりする権限を、政府が使えたのです。

もちろん現在でも、学校教育では子どもの心身の発達に応じて、教師は教える難易度などを工夫しており、なんでも一律に教えるわけではありません。また、残酷なシーンや性表現など、子どもには見せられない画像に年齢制限をかけることも、青少年の保護としておこなわれています。しかし、これも大人に成長するための配慮ですから、ある集団にはずっと教えられないままで、ある集団にのみ教えられるということはありません。

これが、教育勅語の時代の学校教育と、現在の学校教育のいちばん大きな違いです。大学まで進学できる人はごく一部ですが、高度の学問にもとづいて学ぶ場では自由に歴史や思想が研究できました。しかし、小学校では教科書にあることが真理であると教えられ、小学校だけを卒業した人はそれ以上のことを知らずに一生を送ることになります。日本は神々がつくったのだと小学校で学びますが、中学校や高等学校などで神話が古事記や日本書紀の古典に書いてあると知り、大学では神話も研究対象なので、歴史学や考古学では神世の時代以外の歴史を知るわけです。

169ページの表を見てください。教育勅語の出された一八九〇（明治二三）年一〇月三〇日の主要な学校です。小学校、中学校、高等学校、大学と並ぶのをみると、いまの学校と名前が似ていますね。しかし、いちばんの違いは男女の差別です。尋常中学校や中学校に行けるのは男子のみ。女子も高等女学校には行けますが、その後に高等中学校や高等学校には進学できません。大学は男子校だったのです。

人数でも格差は歴然としています。一八七二〈明治五〉年の学制の時代から全国二万余りの小学校に対して、教育勅語の出された一八九〇〈明治二三〉年の全国の尋常中学校は五十五校、高等女学校は三十一校、高等中学校は七校、大学は一校だけです。このほか、小学校教員を養成する師範学校も四十七校ありました。この学校数の少なさでも分かるように、中等教育以後はひとにぎりの人たちの教育でした。これが大正期から昭和期になると、中学校、高等女学校、実業学校などの設置が進み、半分ていどの子どもたちが中等教育へと進む時代になります。それでも、全員に中学校までの義務教育が保障され、九割以上の青年が高等学校へ、半数が大学へと進む今日の状況とは格段の差があります。

こうした格差は、学歴の差が、そのまま社会的地位の差になる学歴社会を形成しました。教育勅語に先だつ時期をリードした初代文部大臣は、前節で紹介した森有礼でした。彼のように開明的人物であっても学校制度を整えるために、小学校卒業者が「下流」で、中学校卒業者が地域のリーダーの「中堅」で、大学などの卒業者は国家の指導者となる「上流」に配分すると構想しました。そして小学校の「教育」から、徐々に高等な「学問」へ進むと段階を分け、初等教育を学問的真理よりも実用や社会の秩序を教えこむ場と位置づけたのです。このことを「学問と教育の分離」と呼びます。この分離は、徐々に中等教育や高等教育が広がっていくなかでも、戦時中まで維持されました。

教育勅語はいつから小学校で教えられたか

さて、多くの子どもたち、つまり将来の大日本帝国の臣民になる人たちは、尋常小学校のみを卒業するかたちになります。といっても、小学校の就学率が百パーセントに近づくのも、明治の末年になってはじめて達成されました。

この小学校は、明治の初めは洋学的な知識も含めて、一八七二（明治五）年に学制の布告書に主張された実学的な内容でしたが、徐々に道徳教育が強調されていきます。第一節でみたように、一八七九年の教育令で小学校の教科の最後に置かれた修身が、翌一八八〇年に改正された教育令では最初に置かれて、「筆頭科目」と呼ばれました。修身は、成績評価の対象となる科目であり、知識も態度も評価されます。その基準に教育勅語が置かれていくことになるわけです。

さて、現在の学校で使われている教科書の表紙に、「文部科学省検定済」と書かれていることはご存じですか。文部科学省による教科書検定を経て学校で使用できることを示しています。教科書検定は、学校教育法にもとづいて、全国のどんな小学校、中学校、高等学校などに在学しても学習指導要領の規定する教育水準が保障される平等な制度であり、さらに、地域や学校の事情を踏まえて多くの検定済教科書から選定する自由もあるとされています。

教育勅語のころと現在の学校を比較する——学校種別と在学者数

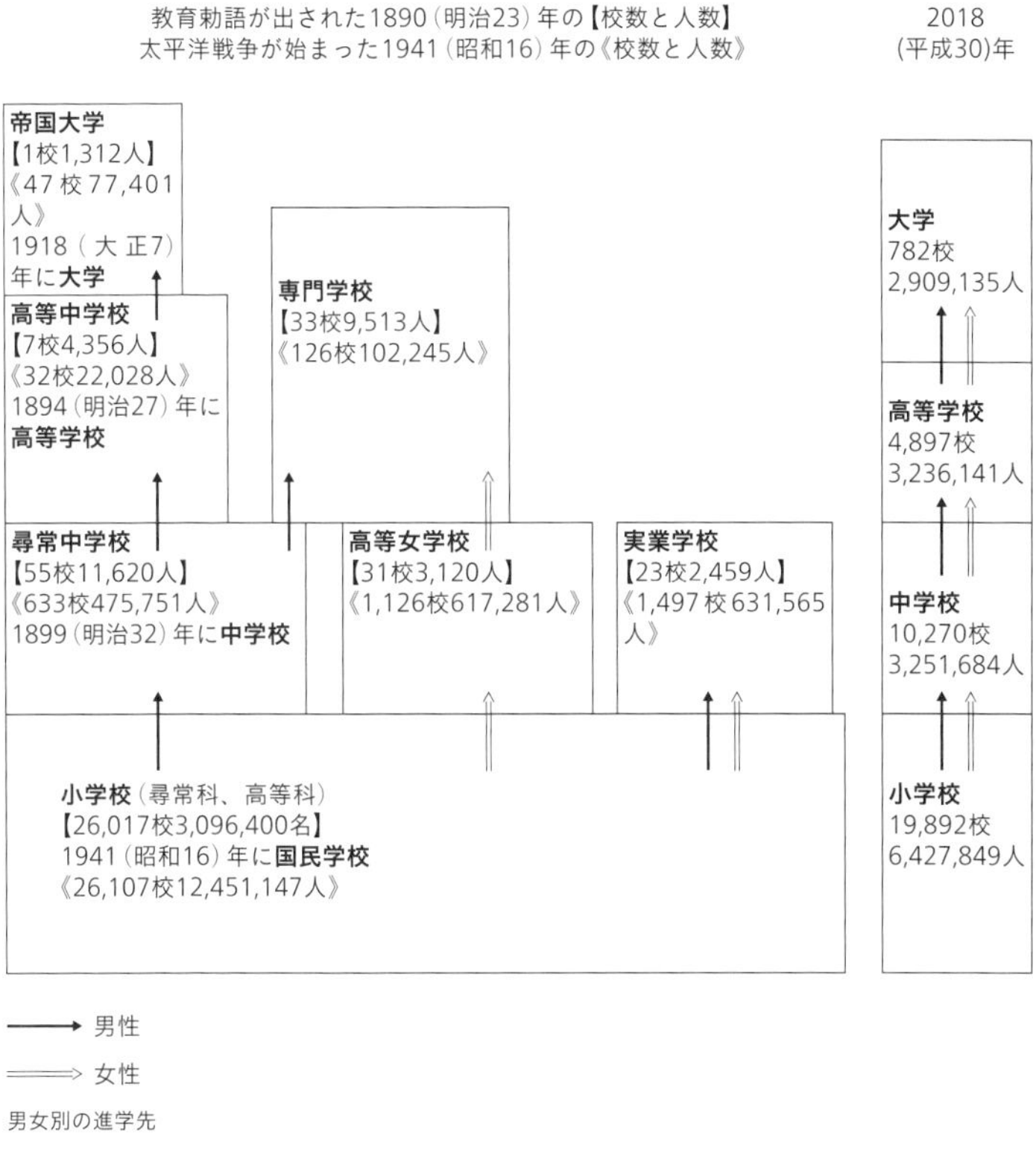

このほか戦前には高等師範学校、師範学校、盲学校、聾学校、幼稚園などの校種があり、現在は中等教育学校、義務教育学校、特別支援学校、幼稚園などの校種がある。
1890年の在学者数は勅令等に規定以前のケースも含む。

一八七二〈明治五〉年の学制発布時の小学校では、教科書にふさわしい図書をまず準備する必要があり、教科書をリストにしたり、あらたに外国の図書を翻訳したりすることに労力が注がれました。

徐々に教科書が整うと、文部省は統制に乗り出します。一八八一〈明治一四〉年に文部省に使用教科書を届け出る開申《かいしん》制度、一八八三年に文部省の認可がない教科書が使用できない認可制度、一八八六年に森有礼文部大臣のもとで文部省が手続きを整備してチェックする検定制度が実施されました。この検定制度は、今日の検定制度と同じように、複数の教科書から地方ごとに採択するものです。

じつは現在もこのプロセスで教科書会社と自治体・学校の間に贈収賄《ぞうしゅうわい》などが生じないように、厳密なルールが適用されています。それは、一九〇二〈明治三五〉年に全国で教育関係者が検挙された教科書疑獄《ぎごく》事件の反省でもあります。この事件を契機に、文部省が著作した教科書のみが全国で唯一の教科書になる国定教科書制度へと移行します。

国定教科書は教科や学年によって刊行時期が異なりますが、戦前・戦中を通じて五期の教科書に区分されます。小学校教育の筆頭教科である修身科の教科書は、第一期の最初の一九〇四〈明治三七〉年度から刊行されました。

第一期国定教科書の時代、義務教育は尋常小学校の四年間ですから、「小学校四年生」で終わります。さらに初等教育を受ける場合は高等小学校に進学できます。国定教科書である『尋常小学修身書』全四巻や『高等小学校修身書』全二巻は、詳細な教育勅語の解釈を教えるものではなく、尋常小学校第四学年で、「よい日本人」として、教育勅語の概要を紹介するものでした。

一九〇七（明治四〇）年の小学校令で尋常小学校は、今日と同じように六年間の義務教育となりました。第一期の教科書のままでは教育勅語をすべての子どもに徹底するには不十分だと考えて、一九〇八年の教科用図書調査委員会で検討が始まります。一九一〇年度からの第二期では、大幅に教育勅語の記載が見直されました。『尋常小学修身書』全六巻では、尋常小学校四年生用の巻四の冒頭に、カタカナで読みのついた教育勅語が冒頭に掲げられました。これによって、教育勅語を読ませることと、書かせること、さらにそれを暗記して、暗誦や暗写を指導することが可能となりました。この内容については、第4節で述べたとおりです。

洪水のように出版された衍義《えんぎ》書

こうして教育勅語の小学校での教えられかたは、儀式で読み上げられたり、修身科の授業で暗誦《あんしょう》や暗写をしたり、部分的内容を学んだりすることに留まります。

いっぽうで、儀式で教育勅語にちなむ講話をする校長や、修身を教える教員、さらに社会を指導する人たちには、教育勅語の内容を十分に学ぶ必要があります。指導的な立場にある人たちは、教育勅語を棒読みするだけではなく、語句も内容もきちんと理解する必要があったのです。このことは、教育勅語が出される段階から構想されていました。一八九〇（明治二三）年九月二九日の文部大臣である芳川顕正が総理大臣の山県有朋に宛てた書翰《しょかん》では、「勅諭衍義《ちょくゆえんぎ》」という言い方で、解説書を教科書にしたいという考えが述べられています。

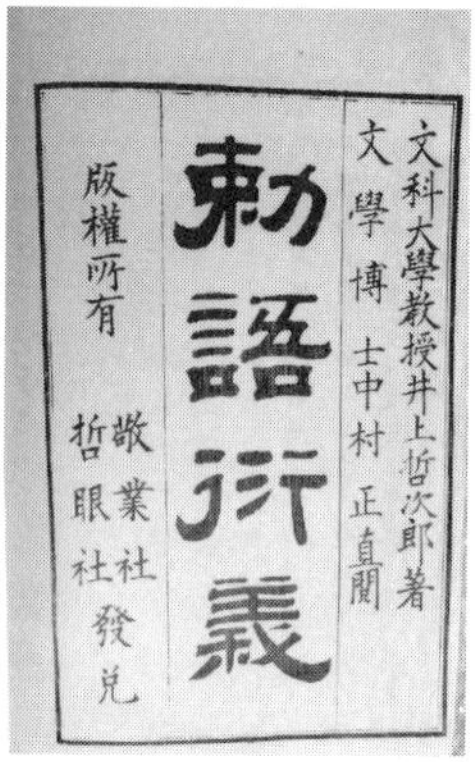

井上哲次郎による解説書『勅語衍義』

　こうして教育勅語の解説書である『勅語衍義』の執筆が、当時のただ一つの大学である帝国大学文科大学（のちの東京大学文学部）の教授である井上哲次郎に託されました。この原稿には教育勅語執筆者の井上毅らも協力しました。一八九一（明治二四）年の刊行にあたっては最初の教育勅語草案執筆者の中村正直が校閲者として名を連ね、芳川顕正が序文を書きました。この『勅語衍義』は師範学校で教科書とされ、教師が教育勅語の理解のため、学問的に研究するための定番となりました。

　この『勅語衍義』が政府関係者が関与した教育勅語解説書ですが、ほかの学者や言論人も教育勅語について解説をおこなうことが認められていました。教育勅語は「君主の著作」ですが、すぐに古典のように解説書が多数つくられたのです。これらは『勅語衍義』にならって、「教育勅語衍義書」と呼ばれました。「衍義」という呼び名は、中国の書物に由来します。

　中国の明《みん》の太祖《たいそ》・朱元璋《しゅげんしょう》が一三九七（洪武《こうぶ》三〇）年に出した『六諭《りくゆ》』という徳目に対して、

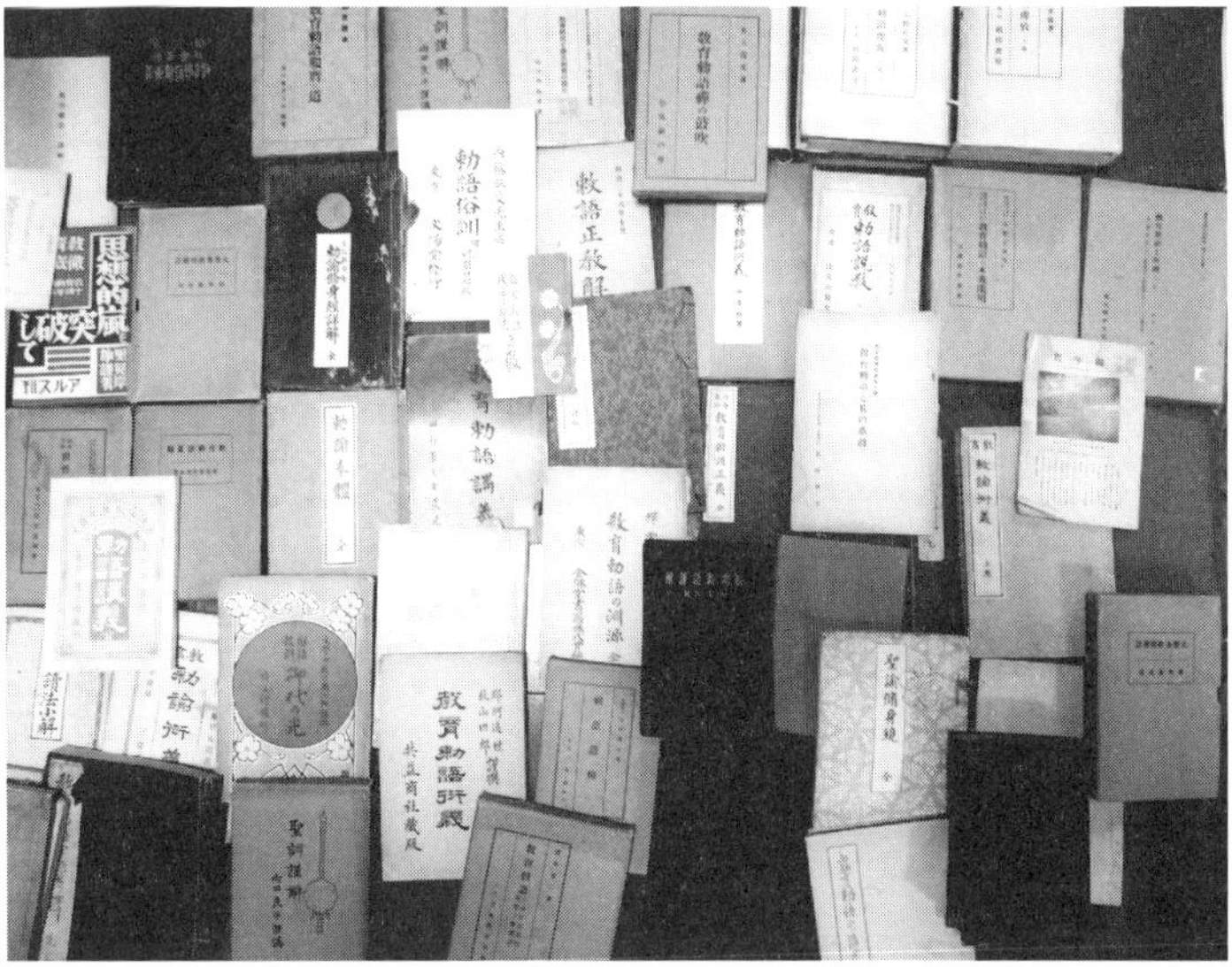

戦前に発行された教育勅語の解説書
著者研究室蔵

明末の范鋐《はんこう》が解説書『六諭衍義《りくゆえんぎ》』をつくったものが、江戸時代に日本に伝わって知られていました。一七二一（享保六）年には将軍徳川吉宗が命じて荻生徂徠《おぎゅうそらい》が訓点をほどこして『六諭衍義』を出版し、翌年には室鳩巣《むろきゅうそう》が日本語で解説した『六諭衍義大意』を出版しました。こうして国王の教訓に対して説明する、つまり意義を敷衍《ふえん》する衍義書というスタイルが知られました。

また「衍義」と似た言葉に「演《えん》義《ぎ》」があります。事実に脚色をまじえてわかりやすく、面白く説くというスタイルです。陳寿《ちんじゅ》の歴史書『三《さん》国志《ごくし》』を、元から明の時代の羅貫《らかん》中《ちゅう》が歴史小説にした『三国志演義』

の「演義」などで知られます。これは現在でもマンガやアニメになって人気がありますね。

教育勅語衍義書は、図書だけで三百点以上はありますが、雑誌記事やパンフレット、教科書や図書の一部も含めれば、桁違いに多いでしょう。教育勅語が出された直後の新聞雑誌類の記事だけでも六十二点が『教育勅語渙発《かんぱつ》関係資料集』全三巻（国民精神文化研究所、一九四〇年）に収録されています。この書名にある「渙発」とは、君主の命令が広く行きわたるという意味の美称で、昭和期に定着する言語です。また戦後には日本大学精神文化研究所・教育制度研究所により『教育勅語関係資料』十五巻の復刻資料集も出されています。

国民道徳論の研究がはじまったものの

教育勅語の出された時期には、学問を学ぶために中等教育以上の学校に進む人たちはひとにぎりでした。しかし、県に一つの中学校や高等女学校という時代から、市や町に設置が広がります。これが大正デモクラシーの時代です。現在も女子の中学生や高校生は学校のオシャレな制服にプライドを持つ人が多いと言いますが、いまでは卒業式だけで見られる「女学生袴《じょがくせいばかま》」と呼ばれる和装制服と、いまも一般的な「セーラー服」という洋装制服を来た女生徒が目立ってきます。

小学校の「教育」で暗記すれば十分な時代から、中学校や高等女学校などに進学して十分な知見を獲得して国内外で活躍する人間像が語られていきます。もはや、儀式や暗記中心の修身教育では不十分だとして、新しい国民に求められる道徳として、「国民道徳」という言葉が語られます。

大正デモクラシーの直前、一九〇九（明治四二）年からこの言葉が文部省に取り上げられ、翌年の文部省主催師範学校修身科教員講習会では、小学校教員を要請する教員にむけて、法学者の穂積八束《ほづみやつか》、『勅語衍義』を執筆した井上哲次郎、井上哲次郎の娘婿で、教育学者の吉田熊次《よしだくまじ》という三人が国民道徳論を説明します。吉田熊次は、東京帝国大学の教授として、その後も教育学と教育勅語解釈をリードします。中学校などの教員免許をもらうための、中等教員検定試験でも「国民道徳要領」が必須科目となります。

この国民道徳論は、中学校で教える教師から生徒に伝えられます。暗記中心の教育勅語から、世界の動向や歴史の知識からあらためて教育勅語を理解するという道徳論です。大正時代には、世界的な新教育運動の影響もあって、教科書丸暗記の明治の教育から、自由な学習や地域や屋外での作業も強調されて、「大正自由教育」と呼ばれます。今日の道徳教育では、考えて議論する、アクティブ・ラーニングが強調されていますが、それと似ていますね。

この大正自由教育の時代に、海外の最新の教育思潮を取り入れるときに、教育勅語と矛盾しないように工夫する必要があることを主張しつづけたのが、外国留学経験もあり、国内外の歴史にもくわしい吉田熊次でした。

話しあいで「自由に考えたことを発言していいよ」と言われても、あまり極端だと怒られますね。それと同じことが発生します。井上哲次郎は、著書『我が国体と国民道徳』(一九二五年)で「国民道徳研究指針」を示して、歴史や理想から検討することを提起しました。そして、本文で、教育勅語の源泉と言える水戸学の歴史学者として知られる栗田寛《くりたひろし》の著書を引用しました。水戸学者の著書なので問題なさそうですが、三種の神器が喪失したという箇所を引用したのです。じつを言うと『平家物語』の壇ノ浦《だんのうら》の合戦の場面をはじめとして、そうした記述は多くの古典に書かれています。

しかし、目立つ形で著書に書いてしまったために、大騒ぎになります。このことで彼は不敬に問われて、一九二六(大正一五)年には公職の辞任へと追い込まれ、『我が国体と国民道徳』は発行禁止になりました。

『勅語衍義』の執筆から、大正期の「国民道徳」までをリードした井上哲次郎の失脚は衝撃的でした。この背景には、東京帝国大学の次に彼が就職した大東文化学院(現在の大東文化大学)の学内紛争があったことが知られています。いずれにせよ、学問の世界の教育勅語解釈も、不敬事件となる危険性があったのです。

「日本精神」を掲げた日本諸学振興委員会

明治期からの学問の世界で権威をもって、政府にも公式見解を提供した東京帝国大学教授が不敬を問われるという事件が、次に法学の世界で起こります。東京帝国大学法学部教授の美濃《みの》部達吉《べたつきち》が、公務員試験である高等文官試験でも必須の憲法学説について批判される事件です。

教育勅語の前提となる大日本帝国憲法は、伊藤博文や井上毅《こわし》たちが、ドイツの憲法を学んでつくりあげたものですから、ドイツの哲学や憲法学では有力な憲法学説が前提になっています。国家は元首が個人として君臨しているのではなく、元首を頂点とした各種機関で構成する組織だと考える国家法人説です。美濃部達吉はこうした立場から大日本帝国憲法を説明していたのが、主権者としての天皇を軽視した「天皇機関説」だと批判されたのです。

美濃部学説は従来から通説とされていましたが、一九三五（昭和一〇）年二月に起こった帝国議会の貴族院での批判演説にはじまって、四月には美濃部の『憲法撮要《けんぽうさつよう》』などが発行禁止処分となり、八月と一〇月の二度にわたり政府が「国体明徴《めいちょう》声明」と呼ばれる天皇機関説の排除の声明を出すに至りました。

こうしたなかで、文部省は、次節でみる「日本精神」を掲げた日本諸学振興委員会を一九三六（昭和一一）年に設置して、学者たちを動員して学会を組織する方向へと動きました。また、文部省の研究機関である国民精神文化研究所を拡充して、吉田熊次や海後宗臣《ときおみ》という帝国大学の学者たちを登用します。

歴史研究のタブー

この国民精神文化研究所で吉田熊次のもとで若手の門下生、海後宗臣が着手したのが、教育

戦前に発行された『教育勅語渙発関係資料集』全三巻

勅語の歴史的研究だったことは、当然とも、意外とも思えます。意外に思うのは、国家の研究所が教育勅語の裏話ともいえることを本当に研究できたのかという疑問です。たしかに、美術や音楽、文学などの世界では、ゴーストライターの存在がゴシップとして事件になることがあります。教育勅語は明治天皇の名前で出されて、その権威のもとに普及させたので、ここまで述べたように井上毅や元田永孚《ながざね》が起草したという事実は、絶対に言ってはならないことと思えますね。

　ところが、昭和期にはこうした事実の一部が、すでに知らされていました。明治天皇の公式の伝記である『明治天皇紀』を編むための臨時帝室編修官であった渡辺幾治郎《いくじろう》は、一九三〇（昭和五）年の「教育勅語渙発四十周年記念」に際して制定の経緯を『報知新聞』の記事を寄せており、さらに元田永孚や井上毅の起草や「君主の著作」としての性格などを触れた『教育勅語渙発の由来』を刊行しました。いわば記念事業として、裏話を公開したことになります。

　一九四〇（昭和一五）年の五〇周年では、制定過程を示す元田永孚や井上毅の書翰も文部省によって展示されました。文部省の国民精神文化研究所から刊行された『教育勅語渙発関係資料集』全三巻には、教育勅語を合作する前の最初の元田永孚と井上毅の論争、教学聖旨の資料までが収録されています。

この一連の研究を支えたのが国民精神文化研究所にいた教育学者の海後宗臣でした。海後宗臣は吉田熊次の門下生です。歴史研究に卓越した能力を持って、皇室関係の事情、とりわけ教育勅語の起草の実際を明らかにすることがはばかられた時代に、可能な範囲で資料を公開していきました。戦後も教育改革の指導者として活躍して、東京大学教育学部を退官するにあたって『教育勅語成立史研究』を公刊しました。

つまり、あるていどの教育勅語研究は海後宗臣がおこなったように可能なのですが、その師匠の師匠である井上哲次郎が不敬事件に問われたような不敬に問われかねない微妙さがあったことも確かです。学問と教育の分離で守られながらも、学問の自由が保障されていなかった時代です。

第7節 揺れる教育勅語解釈

教育勅語の内容を理解して説明する役割のある人たちがいました。それは学校の先生です。小学校では修身教育として教育勅語を教えますし、第6節でみた学校儀式で、校長は教育勅語にちなむ演説をかならず実施します。このため、教員はかならず教育勅語の解釈を知っていなければなりません。そして、列席する子どもは、毎年何度も、教育勅語についての講話を聞かされるのです。もちろん、大人になっても、職場や地域の行事をはじめ、子どものころに暗記した教育勅語をふたたび聞く機会はたくさんありました。教育勅語の内容がどう語られていたのかは、大いに関心のあるところです。

信教の自由を超越する教育勅語

一八九一（明治二四）年に、中村正直《まさなお》校閲《こうえつ》・文部大臣芳川顕正《よしかわあきまさ》序文で『勅語衍義《ちょくごえんぎ》』が出されたことは、著者である帝国大学教授・井上哲次郎の名を高めました。この『勅語衍義』のようなスタイルでその後も「教育勅語衍義書」を多くの学者や教育者が刊行します。『勅語衍義』は師範学校の教科書でもありました。

一八九〇（明治二三）年一〇月三〇日に出された教育勅語の最初のトラブルは、第6節でみた、一八九一年一月の内村鑑三不敬事件です。この事件がおさまったころ、井上哲次郎が、教育雑誌『教育時論』の一八九二（明治二五）年一一月五日号に、教育と宗教に関する談話を発表しました。その内容は、キリスト教は教育勅語と対立するという内容です。雑誌の発行部数が少なかった当時は、ある雑誌の記事が別の雑誌に転載される慣習がありました。この談話は三十誌以上に転載され、教育雑誌や宗教雑誌で賛否の議論が掲載されました。これが「教育と宗教の衝突論争」と呼ばれました。

反論した人たちは、大日本帝国憲法も明示した信教の自由をよりどころとしました。内村鑑三は翌年、『教育時論』の一八九三（明治二六）年に三月一五日号に寄稿して、教育勅語の儀式にまさる敬礼は「教育勅語の実行」だと反論しました。偶像崇拝を否定する立場から教育勅語への宗教的礼拝は否定しながらも、天皇を頂点とする教育勅語の道徳は肯定するという解釈を、内村鑑三自身が示したことになります。この論争は、教育勅語の道徳が、学校教育のみならず、宗教教育や社会教育でも基準になるという権威を確立した論争でもありました。

井上哲次郎
1855年～1944（昭和19）年
国立国会図書館「近代日本人の肖像」より

内村鑑三
1861年～1930（昭和5）年
国立国会図書館「近代日本人の肖像」より

「斯ノ道」はどこまでか

小学校の修身については、第4節で、一九〇四（明治三七）年からの第一期国定教科書では教育勅語の概略にとどまっていたのが、一九一〇年からの第二期国定教科書では『尋常《じんじょう》小学修身書』第四巻でカタカナつきの全文が、145ページの図版のように掲げられたことを説明しました。

この第二期国定教科書のために一九〇八（明治四一）年に置かれた教科用図書調査委員会では、教育勅語解釈上の大きな問題が話しあわれたのです。

この第二期国定教科書は、教育勅語について、二つの特徴をもっていました。尋常小学校六年生用の『尋常小学修身書』巻六では教育勅語の衍義書のように、教育勅語の一部を掲載して、解釈を示しました。そのとき「勅語の第一段」「勅語の第二段」「勅語の第三段」と明記して、教育勅語が三段落だと説明しました。これは、解釈の便宜のために、本来の第一段落の途中の、「爾臣民父母ニ孝ニ」の前で切って「勅語の第二段」と区切って、意味段落を分ける解釈です。徳目部分を強調するには、この意味段落の分割はたしかに便利です。しかし、子どもたちが四年生で暗写や暗誦した教育勅語本文は、本来の二段落で書かれているのですから、ずいぶんと大胆な解釈です。この本文からすると苦しい「三段落説」ですが、国定教科書に掲載されて、その後も第四期まで継続しました。このため、教育勅語は三段落だと記憶されるに至ります。この説が現在も影響をもっており、教育勅語を批判した書籍でも堂々と「三段落」と書いてあったり、資料集などには勝手に本文を三段落に改行して掲載したりしているケースもありますので、注意が必要です。

次の工夫は、現在で言えば中学校二年生に相当する高等小学校二年生が用いる『高等小学校修身書』巻二にありました。こちらは普通に教科書を読んでも読みとばしそうな箇所なのですが、教科用図書調査委員会で、井上哲次郎の娘婿《じょせい》でもある教育学者の吉田熊次をはじめ、学者たちが大いに議論して確定した解釈です。

これが、巻二にある、「『斯《こ》ノ道』とは「父母ニ孝ニ」以下「義勇公ニ奉シ」までを指し給へるなり。」という解釈です。第二段冒頭にある「斯ノ道」の指示内容を、第一段の徳目部分が該当するとした内容です。

この解釈がなぜ重要なのか、わかるでしょうか。第1部でみた徳目の列記と部分で比較すると、「以テ天壌無窮ノ皇運ヲ扶翼スヘシ」の文言の直前までになっていることがわかります。

吉田熊次
1874（明治7）年～1964（昭和39）年7月15日

しかし、「天壌無窮ノ皇運」の箇所は教育勅語の眼目で、それは第一期国定教科書でも第二期国定教科書でも変わりません。それなのに、この箇所を抜いて「斯ノ道」の指示範囲としたのは、なぜでしょうか。

この答えは、歴史にあります。教育勅語が出された一八九〇（明治二三）年は日本にとって西洋は彼方にあるあこがれで、アジア諸国もけっして甘く見ることのできるものではありませんでした。ところが、一八九四年から日清戦争、一九〇四年からの日露戦争に勝利することで、西洋列強にも対等に渡りあい、アジアにも支配権を確立できるという期待が出てきます。もちろん、国際政治は単純ではありませんが、リアルに世界との位置を語る必要が出てきたわけです。

日清戦争ののち一八九五（明治二八）年の下関条約（日清講和条約）で台湾を植民地とした日本は、翌年に台湾の住民に日本語を教える国語伝習所を設置します。そこではさっそく教育勅語謄本を用いて学校儀式をしました。

また、一九一〇（明治四三）年の日韓併合条約によりすでに保護国にしていた朝鮮を植民地にすると、翌年には朝鮮教育令を出して、第二条に「教育ハ教育ニ関スル勅語ノ旨趣《ししゅ》ニ基《もとづ》キ」と明記して、教育勅語謄本の配付を進めました。朝鮮教育令は勅令ですから、第3節で見たとおり法令ではない勅語を勅令で引用するのは、法令のルールで御法度なのですが、植民地ではこうしたルールも無視されていました。そして一九一一年にあらためて一文を追記した、第4節で述べた朝鮮版教育勅語が出されるわけです。一九一九（大正八）年には台湾教育令でも、同じく勅令で勅語を引用しました。

こうした時代ですので、こうした国際的な視点に立って教育勅語を読み直した当時の学者たちは、第二段冒頭の「斯ノ道」という主語を、「古今ニ通シテ謬ラス中外ニ施シテ悖ラス」という述語で受けることをリアルに悩んだわけです。教育勅語が書かれた時代には、ここで述べた道徳は、古今東西に有効だという理想論を述べたのでしょう。しかし、「中外ニ施シテ悖ラス」つまり国の内外に施行して問題がないという言葉を実際に植民地を獲得してから読解すると、第一段の徳目のどこまでが世界的に有効なのかと悩むわけです。中国古代起源の徳目や西洋近代起源の徳目は、もともとが借り物ですから、中国人も欧米人も認めてくれるでしょう。ところが、「天壌無窮ノ皇運」とは大日本帝国の主権者たる天皇の命運ですから、そんなことまで認めてくれる奇特な外国人はなかなかいません。外国の君主には、外交儀礼としてていねいに挨拶をしてくれるていどです。

教科用図書調査委員会は、海外の留学経験のある学者はもちろん、海外で教育勅語の翻訳紹介をした吉田熊次もいますから、そうしたことをリアルに知っているのです。教科用図書調査委員会のあと、一九〇九（明治四二）年には、文部省の公式の漢文訳、英語訳、フランス語訳、ドイツ語訳として『漢英仏独教育勅語訳纂《やくさん》』が刊行されています。

教科用図書調査委員会が考えたのは、「父母ニ孝ニ」から「義勇公ニ奉シ」まで、つまり中国古代起源と西洋近代起源の徳目は「斯ノ道」で受けて、「中外」に有効だから、「天壌無窮ノ皇運」を外しておこうという名案でした。もちろん、教育勅語を文章として素直に読めば、かなり無理な解釈であることはわかります。「天壌無窮ノ皇運」は日本では重要事項だが、外国では通用しないと割りきるために成立させた解釈でした。

治安維持法が指す「国体」

大正デモクラシーの時代には、さまざまな思想のなかで、社会主義思想が力を持っていきました。これは世界各国に見られた現象ですが、日本ではこの対策としても教育勅語が関係してきます。つまり「国体」が犯罪の成立要件の焦点になったのです。

一九二五（大正一四）年四月二二日に公布された治安維持法は「国体ヲ変革シ又ハ私有財産制度ヲ否認スル」という目的の団体を組織したり加入したりすることを禁止するもので、一九二八（昭和三）年の改正で死刑を最高刑に改められました。私有財産制度の否認とは共産主義や社会主義などの政治思想を指したものですが、国体の変革というのはどのような政治思想を指すのか明確ではありません。これは変革しようとした国体とはなにを指すかという問題です。

当時の法令解釈書では、国体について、大日本帝国憲法第一条にある「大日本帝国ハ万世一系ノ天皇之ヲ統治ス」という箇所であると説明しています。しかし、ここは天皇の統治、天皇の主権を定めた箇所ですので、かならずしも国体という用語とは直結しません。むしろ、天皇は神世から連綿と続いているという、たんなる世襲制を超えた「万世一系」という文言に、「国体」の意味を読み込む必要があります。

また、大日本帝国憲法のどこにも国体という言葉はありません。本文はもちろん、告文などにも出てきません。ただ、「万世一系」は公布文にあり、天照大神が発した神勅による「天壌無窮」は告文にも出てきます。こうした大日本帝国憲法が示す天皇のあり方をあらためて示したのが、「天壌無窮ノ皇運」を徳目の集約とした教育勅語であり、このなかではじめて「国体」という言葉が第二文に登場するのです。

つまり治安維持法は、江戸時代に水戸学などでつくられた国体という概念を、広く国民一般の衆知の言葉とした教育勅語が存在することによってはじめて成立するものと言えます。法令の用語は、法令上の疑いのない用語か、さもなくば同時代に通用する用語でなければ通用しません。国体が天壌無窮の神勅を背景とすることを教育勅語を通じて国民が理解していた時代であるから、大日本帝国憲法第一条がたんなる君主の統治権や世襲制を定めたのではなく、国体を定めたという解釈になるわけです。

こうして、治安維持法に関わる特別高等警察や思想検事は、社会主義などの政治思想のほか、広く宗教思想などをも取り締まる対象とすることができたわけです。

宗教教育の自由を求める運動が統制を呼んだ

教育と宗教の衝突論争によって、宗教関係者も教育勅語に衝突しない、つまり教育勅語の徳目に従うことになりました。しかし、文部省は明治期から、宗教系の私立学校も含めて宗教教育を抑制する政策をとっていました。一八九九(明治三二)年に文部省が発した、いわゆる「訓令十二号」です。これにより学科課程に定めのある学校では宗教教育が原則として禁止とされました。現在の日本国憲法と教育基本法では、私立学校の宗教教育は自由におこなえますが、当時はこの政策のために、少なくない宗教系の私立学校での礼拝は、公式の授業や行事と切り離して、こっそりとおこなうかたちになっていました。

これに対して、大正末から教育界で宗教教育の自由を求める世論が起こります。複雑なのは、公立学校の教師も含めて、「宗教的信念」の教育を求める主張となったことです。実際に何をどう教えるのかという議論は教育関係者でも混迷しました。

議論が進むにつれて、どのような特定の宗教にも依拠しない宗教的な情操というものを「宗教的情操」と呼んで、これならば、公立学校でも教えられるという主張へと進みました。しかし実際におこなわれたのは仏教の僧侶が宗派色が少ない説教をする講演会を開くといったもので、結局はなんらかの宗派の考えが出てしまうものでした。

この「宗教的情操」論は、従来から宗教について考えてきた教育界の大物からも実効性や本来の宗教との関係で批判がありました。帝国教育会の会長を務めた教育行政家・沢柳《さわやなぎ》政太郎《まさたろう》も、仏教教育を支える活動をしてきましたが、宗派を超えた価値を教えようとする傾向に懐疑的で、教育者個人の信仰や教養が先決だと考えていました。本来の宗教教育は、信教の自由のもとで、家庭や社会のなかに共通する部分を教えるのではなく、歴史と伝統から多様におこなわれるものだからです。そして、教育勅語を重視する立場の吉田熊次も、そもそも教育する価値のある「宗教的情操」という概念が成立するだろうかと批判しました。

しかし、「宗教的情操」を公立学校でも涵養してよいという主張は、一九三五（昭和一〇）年に文部次官通牒によって公式に認められる結論となりました。この原案を文部省が議論するときには、本来は宗教的情操論の反対論者であった吉田熊次が、教育勅語に反しないという条件をつけさせたことが知られています。言い換えれば、「宗教的情操」とは、教育勅語に記された「天壌無窮」の神話などに矛盾しない範囲であれば、各自の宗教的な考えも認められるというかたちです。

これに連動して東京などの公立小学校の児童が伊勢神宮に長距離の列車を使って参拝する修学旅行や、学校の行事として近所の神社に参拝することが進められます。

また一九三二(昭和七)年にはカトリックを掲げる上智大学で、靖国神社に参拝しなかった学生がいたことをめぐって軍が軍事教練を担当する配属将校を引き上げるというトラブルが起こります。軍事教練ができなくなると学生の徴兵猶予が取り消されるため、これは大学には大きな圧力となりました。

その後もキリスト教主義の学校の教育方針や規則類が教育勅語に矛盾するとして文部省が介入する事例が多く出てくるなど、逆に大日本帝国憲法が保障した信教の自由が抑圧される事態が起こりました。

「日本精神」を離れ「皇国ノ道」へ

昭和になると、日本の伝統に回帰するという議論が盛んになります。一九三一(昭和六)年ごろから日本独自の精神を意味する「日本精神」という言葉が、広く用いられます。

第6節でみた一九三五（昭和一〇）年の天皇機関説事件や、「皇道派」と呼ばれた将校による軍事クーデターである二・二六事件も一九三六（昭和一一）年に起きた時代です。こうしたなかで、「日本精神」という言葉を政府が用い、法学はもちろんあらゆる学問分野で「日本精神」にもとづく学問を樹立しようとする政策が進みます。文部省は、一九三六年に日本諸学振興委員会を設置して「日本精神」の研究を課題として、学者たちを動員して、各種学会を組織しました。こうした前提に教育勅語にもとづく学問という前提があることは言うまでもありません。

さらに古典研究や歴史研究の分野の中等教育や高等教育のテキストの作成をつぎつぎと進めます。文部省による代表的なテキストである一九三七（昭和一二）年の『国体の本義』や一九四一（昭和一六）年の『臣民の道』は、教育勅語を踏まえた道徳の公式見解として教育関係者に読まれました。

ところが「日本精神」の内容を、伝統文化や古典によって論証しようと学術研究を進めた結果、日本の伝統文化は海外起源だと日本諸学振興委員会で発表するという事例が多発します。美術工芸の源流は中国にあるわけで「日本画」というのは明治期からの呼称にすぎませんし、音楽の楽器や手法は中国はもちろんシルクロードを伝わって伝来していることも衆知ですし、書道に至ってはいまでも中国の大家をお手本にするわけです。

また、日本の独自性だけを強調することは太平洋戦争下では「大東亜共栄圏」の発想との矛盾を招きます。こうして一九四四（昭和一九）年には日本諸学振興委員会の規定から「日本精神」という文言が削除されることになりました。

教育勅語を踏まえた昭和期の教育理念ということでは、「宗教的情操」も「日本精神」も似た性格があります。しかし、宗教的側面を際立たせた宗教的情操論も、日本の独自性を伝統文化から強調した日本精神論も、それぞれ宗教のもつ多様性や古典解釈の持つ制約から、簡単には普及しませんでした。

考えてみると、大日本帝国憲法とセットになって出された一八九〇（明治二三）年の教育勅語が、そのまま数十年後の日本で効力を持つかどうかは難しいところです。こうした考えは、現実に教育勅語に代わる新しい勅語を求めたり、新しい勅語を追加したりする動きとなって現れました。

現実に教育勅語ののちも、日露戦争後の地方改良運動につながる戊申詔書《ぼしんしようしよ》が一九〇八（明治四一）年一〇月一三日に明治天皇から出され、第一次世界大戦や関東大震災を経たのちに質実剛健な気風を求めた「国民精神作興ニ関スル詔書」が一九二三（大正一二）年一一月一〇日に大正天皇から出されています。さらに昭和天皇も一九三九（昭和一四）年五月二二日に出した「青少年学徒ニ賜《たま》ハリタル勅語」を出して、青少年に質実剛健を呼びかけました。

この勅語を契機に、文部省に教育勅語の解釈を再検討する動きが起きます。表面上は「青少年学徒ニ賜ハリタル勅語」の解釈の検討が掲げられていますので、「聖訓ノ述義《じゆつぎ》ニ関スル協議会」と命名されますが、実質としては第三期、第四期と続いた国定教科書における教育勅語の解釈の見直しに眼目がありました。

この協議会のメンバーは豪華です。会長に伯爵の林博太郎《ひろたろう》という学習院大学教授の教育学者を据えて、東京帝国大学名誉教授の吉田熊次と東京文理科大学学長の森岡常蔵《つねぞう》という、第二期国定修身教科書に関わった教育学者を委員にします。哲学では東京帝国大学教授の和辻哲郎、漢文学では東京文理科大学教授の諸橋轍次《もろはしてつじ》、国文学では神宮皇學館学長の山田孝雄《よしお》も委員となり、当時の最高峰の学者を集めた会議です。

一九四〇（昭和一五）年に出された『聖訓ノ述義ニ関スル協議会報告』は、表紙に「秘」と記したのですが、解釈上の決定事項は、一九四三年度から国定第五期の国民学校初等科修身の教師用教科書にも掲載されました。

ここで第二期国定教科書の二つの解釈が撤回されます。第一に三段落説は撤回されました。これは原文からすると当然の結論です。第二に「斯ノ道」には「以テ天壌無窮ノ皇運ヲ扶翼スヘシ」を含まないという解釈を撤回して、ここも含むとしました。これも率直に読めば妥当な結論です。しかしこの解釈変更の意図は、第二期国定教科書では否定された、皇運扶翼が国外でも通用するという点を肯定したことになります。植民地や占領地の支配を継続して、さらに中国での戦争や、今後の世界大戦の緊張感があるなかでの、大胆な解釈変更と言えます。

また、このころ古典や伝統文化の制約の多い日本精神論に代わって、「皇国ノ道」という言葉を文部省が使いはじめます。一九三七（昭和一二）年の高等学校高等科教授要目の修身科の教授方針をはじめとして、一九三八年以後の教育審議会の答申類にも「皇国ノ道」が言及されました。

この「皇国ノ道」は、そのまま教育勅語の「斯ノ道」という箇所に直結する言葉とされました。君主の著作である教育勅語は、勅令など正規の法令ではありませんので、勅令で引用した事例は台湾や朝鮮の教育令などの例外のみでした。これに対して、教育勅語の「斯ノ道」を意味する「皇国ノ道」であれば、引用できると考えられたのです。一九四一年の国民学校令第一条に掲げる教育目的として「皇国ノ道」が明示されました。その後も中等学校令や高等学校令改正、師範教育令改正により第一条の目的規定に盛り込まれます。

この解釈上の技術によって、昭和戦中期にいたって教育勅語はあらたな法令上の位置を獲得しました。「皇国ノ道」としての教育勅語は、自明のこととして、戦中には用いられました。「日本精神」であれば常に古典研究や歴史研究の制約があるのですが、「皇国ノ道」であれば制約なく自由に主張できるわけです。こうして、皇運扶翼という大目的のために制限なく用いることのできる標準として機能する概念が確立したことになります。

第8節　失効後に残ったもの

教育勅語はどうして現在でも語りつづけられるのでしょうか。第二次世界大戦に敗れ、戦後改革の激動が始まります。教育勅語と一体であった大日本帝国憲法が、主権在民、基本的人権、平和主義を掲げる日本国憲法へと転換するのですが、教育勅語は最後まで影響をもち続けました。その要因には、教育勅語がつくられたときからの法令ではない君主の著作としての位置づけがあります。

子どもの生命より謄本の「奉護」

太平洋戦争で日本は緒戦で戦果を挙げていましたが、次第に敗戦の色が濃くなって南洋の島々が押さえられ、本土の主要都市にむけて空襲が始まります。学校の児童や生徒は防空演習で身を守れるのだと教えられていましたが、焼死の危険のある都市部から農村部へと避難するために、小学校に相当する国民学校の子どもたちの学童疎開が始まります。アメリカが戦略爆撃機B29により本土爆撃が可能となった一九四三（昭和一八）年秋からは親類などを頼った縁《えん》故疎開《こそかい》が、翌年夏からは学校単位で子どもと教師が移住する集団疎開が始まりました。

このとき、天皇の写真や勅語謄本も焼失の危険から避難しました。日本大学の小野雅章教授の研究では、この一九四三（昭和一八）年九月一七日の「学校防空指針」を画期とみています。「御真影、勅語謄本、詔書謄本ノ奉護《ほうご》」を第一番目に掲げて対応することを文部省が示して、学校が対策に動いたことが注目されるポイントです。この第二番目に「学生生徒及児童ノ保護」があって、子どもたちの生命が文字通り後まわしに発想されていました。

　この「学校防空指針」による「御真影」と謄本、そして子どもたちの疎開は、戦後になって体験者や研究者によって各地の実態があきらかにされています。東京都では、西多摩にある氷川、三田、吉野、五日市の国民学校を「東京都特定奉遷所《ほうせんしょ》」に指定して、「御真影」や謄本類を疎開しました。沖縄では空襲に加えて、一九四五（昭和二〇）年三月二六日から地上戦が始まります。沖縄県では現在の名護市山中の大湿帯《おおしつたい》の県有林事務所に「御真影奉護壕《ほうごごう》」を掘って、「御真影」のみを優先して集めて、那覇国民学校長を筆頭に動員された中学校生徒による「御真影奉護隊」が守りました。それでも六月下旬に日本軍の司令官らの自決が伝わると、奉護隊は「御真影」を焼却処分して投降しました。

　教育勅語は空襲で真っ先に教職員が持ち出すことになっていました。教育勅語研究者の海後宗臣は戦時下では東京帝国大学文学部の助教授になっていた

「御真影」と教育勅語原本を背負って避難するための「奉遷袋」
東京大学蔵

ので、空襲があると居残って校舎の見回りをしていました。このとき、本書の付録にある東京大学所蔵の教育勅語原本は、写真に示したリュックサック（東京帝国大学の「奉遷袋」）に入れて職員が背負って逃げる準備をしていたと伝わっています。

戦後も進まない無効化

一九四五（昭和二〇）年七月二六日に連合国側が日本に降伏を求めるポツダム宣言をおこない、八月には、六日に広島への原子爆弾投下、八日に中立だったソビエト連邦の宣戦布告、九月に長崎への原子爆弾投下と続いたすえ、日本は一四日にはポツダム宣言を受諾して降伏しました。一五日には昭和天皇の肉声による終戦の詔書がラジオ放送によって伝えられました。

文部省は八月一五日に終戦の詔書について訓令を発して、「国体護持《こくたいごじ》」を強調しました。前節で治安維持法について触れましたが、大日本帝国憲法第一条にある万世一系の天皇の存在が教育勅語にある「国体」だと理解されていましたので、この「国体」を続けることを、日本は降伏しながらも求めていたわけです。アメリカ軍が進駐して九月二日に降伏文書の調印が終わったあとの、九月一五日にも文部省は「新日本建設ノ教育方針」として「世界平和ト人類ノ福祉」を強調しつつ、「今後ノ教育ハ益々国体ノ護持ニ努ムル」ことを述べています。つまり、教育勅語の示した「国体」を「護持」することが前提になっていたのです。

しかし連合国軍最高司令官総司令部（ＧＨＱ）からは、戦前の日本の教育体制を否定する施策が命令されていきます。教育勅語に明記された「国体」を基準にして多くの政治犯を拘束していた治安維持法は、一九四五（昭和二〇）年一〇月一五日に廃止されました。一〇月二二日にはGHQから「日本教育制度ニ対スル管理政策」が示され、一〇月三〇日には「教育及ビ教育関係官ノ調査、除外、認可ニ関スル件」が出されて、軍国主義を推進した教師を罷免《ひめん》する公職追放が始まります。一二月一五日には、GHQから神道指令と呼ばれる「国家神道、神社神道ニ対スル政府ノ保証、支援、保全、監督並ニ弘布《こうふ》ノ廃止ニ関スル件」が出されて、神道を事実上の国教としていた国家神道が禁止されます。

これに連動して学校の神社スタイルの奉安殿が撤去され、神社参拝を子どもに強制する指導が禁止されます。奉安殿に置かれていた「御真影」と教育勅語などの謄本は、一二月二〇日に文部省から通牒《つうちょう》が出されて、御真影は学校から回収されます。このときの理由は「新制定ノ御服装」にあらためられるので、「奉還」するのだという、不思議な理由でした。奉安殿が撤去されたあとも、教育勅語などの詔勅の謄本は校長室などに保管されている状態になりました。

さらに、一二月三一日には「修身、日本歴史及ビ地理停止ニ関スル件」が出されて、教育勅語にもとづく教育をおこなっていた修身科などの授業が禁止されます。これらの授業は内容が見直されて、一九四七（昭和二二）年三月二〇日に文部省は小学校の「学習指導要領・一般編・試案」を示して、「従来の修身・公民・地理・歴史がなくなって、新しく社会科が設けられたこと。」と説明しています。現在では小学校や中学校に「社会科」があることがあたりまえだと思っていますが、この社会科は戦後改革ではじめて全国的に導入された科目です。

国民学校の子どもたちは、いままで教科書は大切に扱うように教師たちから言われていました。しかし「墨塗り教科書」といって、教科書の軍国主義や天皇の神話に関する箇所に墨を塗ることを教師から指示されることになります。また、いままでいちばん大切だと言われていた教育勅語の載った修身の教科書は回収され、授業も時間割から消えていくことになります。

戦後も残った四大節の学校儀式

こうした戦後教育改革のなかでも、教育勅語の扱いは微妙なものがありました。文部省から文部次官名で「勅語及詔書等の取扱について」という通牒が出されるのは、終戦の一年以上も経過した、一九四六（昭和二一）年一〇月八日のことでした。

ここで第一に、「教育勅語を以て我が国の唯一の淵源となす従来の考え方」を否定しますが、教育勅語そのものの否定は明記されていません。第二に、教育勅語について学校儀式で「今後は之を読まないようにすること」とあるので、学校儀式での使用はたしかに禁止されています。第三に、「勅語及詔勅の謄本等は今後も引きつづき学校に於て保管するべきものである」と保管を明記しており、さらに「その保管及び奉読に当《あた》つては之を神格化するやうな取扱をしないこと」と制限しています。しかし、逆に読めば、神格化しなければ保管や奉読をしてもよいと読めるもので、学校では教育勅語などが保管され続けます。

通牒というものは、法律の解釈や運用について監督官庁が見解を関係機関などに通知する文章ですから法律上の位置づけは弱いものです。

さらに学校では、国民学校令などの勅令の効力が残っていて、小学校は戦時下同様に国民学校です。この第一条には、教育勅語の「斯ノ道」を意味する「皇国ノ道」が掲げられています。したがって、矢継ぎ早に出た占領施策としての民主化のいっぽうで、教育勅語がまだ法令上は生きているといってよい状態でした。

実際はさらに複雑怪奇です。教育制度史を研究するお茶の水女子大学の米田俊彦教授が解明したように、問題の通牒の翌日、一九四六（昭和二一）年一〇月九日には「紀元節、天長節、明治節及一月一日」の四大節の学校儀式を残しながら、そこで教育勅語や「御真影」の使用を削除するかたちで国民学校令施行規則が改正されています。教育勅語を否定しながらも、実際には戦前と同じ学校儀式が残りうる余地があったわけです。

教育勅語の理念を否定した教育基本法

日本の戦後改革は、敗戦によって連合国の占領下でおこなわれるのですが、決してGHQの命令だけではなく、いままで抑えられていた国民や有識者が活発に発言するなかで進みます。アメリカは教育使節団を送りこんで一九四六（昭和二一）年三月に教育改革の報告書を発表しますが、日本側も八月一〇日に内閣総理大臣の諮問機関として教育刷新委員会を組織して、戦時下は抑えられていた自由主義的な教育家が委員として発言します。

委員会は日本国憲法の審議と並行して審議され、一一月に教育基本法の制定を建議しました。教育基本法は、その前文で「個人の尊厳」と「真理と平和」という教育勅語と真正面から対立する教育理念を掲げて、「日本国憲法の精神」に根拠をもって成立します。ちょうど日本国憲法が公布されて、施行を一九四七（昭和二二）年五月三日に待っていた、その三月三一日に公布され、即日施行されました。さらに同日に、教育基本法の理念をもとに学校教育のあり方を定めた学校教育法が公布され、翌四月一日に施行されます。

細かいことですが、教育基本法も学校教育法も、日本国憲法の施行前ですから、法律の審議は、大日本帝国憲法のもとで貴族院と衆議院からなる帝国議会がおこなっています。そして、教育基本法が教育勅語の理念を否定しました。さらに学校教育法第九十四条（現在の学校教育法は条文が変化しています）をもって、公式に国民学校令等が廃止されました。ここで「皇国ノ道」として教育勅語の「斯ノ道」を掲げた勅令が、帝国議会の手続きによって廃止されたことになります。つまり、法令の世界からの教育勅語の影響力の消去がおこなわれたのです。

これでも、微妙な部分がありますね。教育勅語の「斯ノ道」をもとにつくられた「皇国ノ道」を掲げた勅令が廃止されたわけですが、教育勅語そのものの廃止ではありません。法令はそれと同等以上の効力を持つ法令によって改正や廃止がなされますが、教育勅語そのものは法

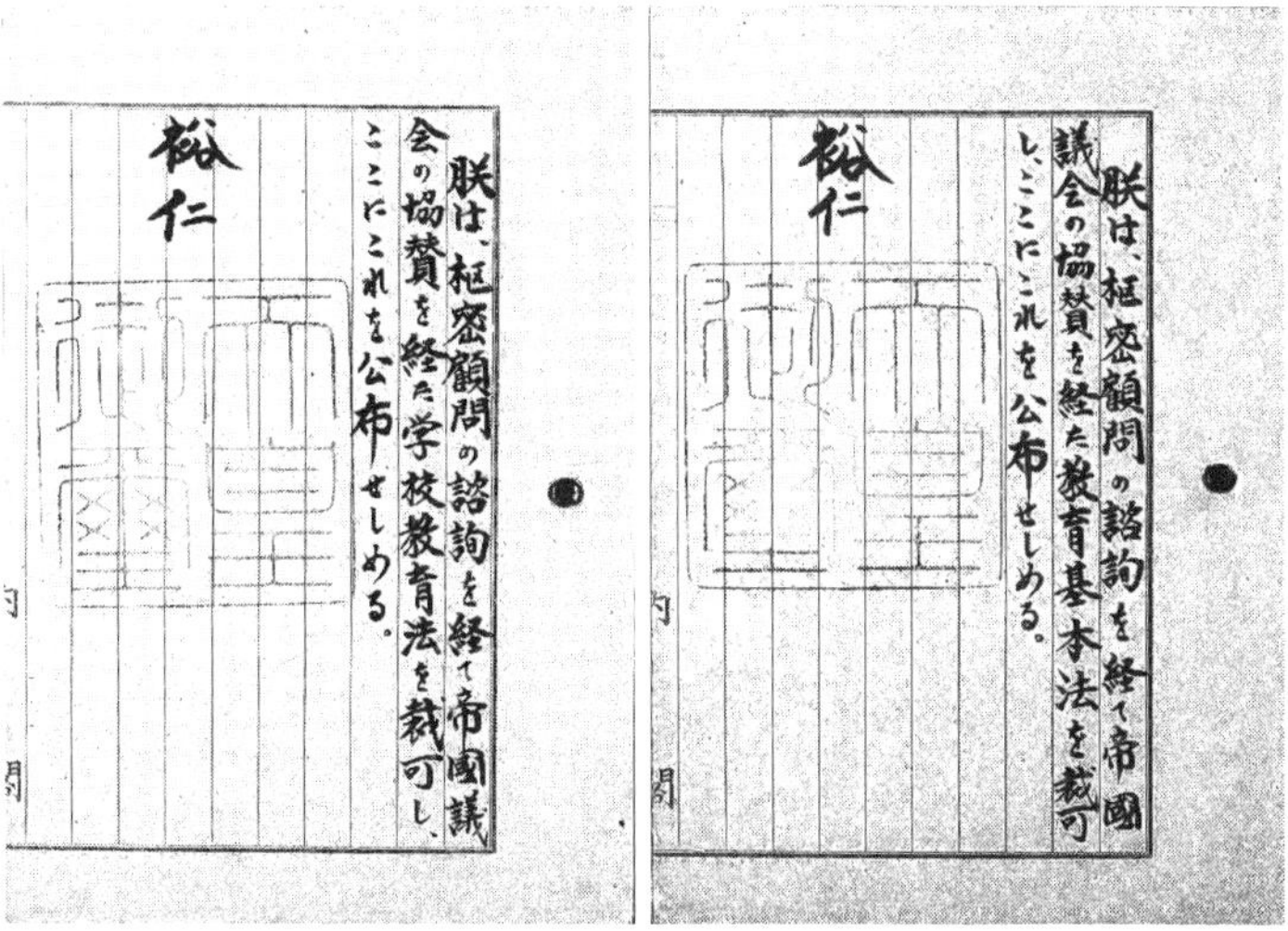
朕は、枢密顧問の諮詢を経て帝國議会の協賛を経た教育基本法を裁可し、ここにこれを公布せしめる。
裕仁

朕は、枢密顧問の諮詢を経て帝國議会の協賛を経た学校教育法を裁可し、ここにこれを公布せしめる。
裕仁

教育基本法と学校教育法の公布
国立公文書館「御署名原本」より

令ではありませんので、廃止することができないわけです。

国会決議と通牒で勅語を打ち消した

一九四七（昭和二二）年からは教育基本法と学校教育法のもとで、主権在民、基本的人権、平和主義などの日本国憲法の原則にもとづいた教育が本格的に始まります。日本国憲法の施行のため、第一回国会は、新憲法（日本国憲法）施行に備えておこなわれた一九四七（昭和二二）年四月二〇日の第一回参議院議員通常選挙と同年四月二五日の第二十三回衆議院総選挙を受けて、同年五月二〇日に第一回国会（特別会）が召集されました。

続いて、第二回国会（通常会）が翌年はじまると、教育勅語がいまなお影響力を持っていることが議論され、衆参両院で議決がおこなわれます。すなわち一九四八（昭和二三）年六月一九日の衆議院本会議で「教育勅語等排除に関する決議」が、同日の参議院本会議で「教育勅語等の失効確認に関する決議」が、可決されました。

これらの決議は、日本国憲法と教育基本法を確認しつつ、教育勅語などの「誤解」や「疑い」を払拭するために謄本類の回収を国会として政府に求めたものです。

衆議院の決議では、教育勅語、軍人勅諭、その他の教育に関する諸詔勅が、「主権在君並びに神話的国体観」にもとづいているとして、「基本的人権」や「国際信義」の観点から問題としており、これらの詔勅の「排除」と「指導原理的性格」を認めないと宣言しました。

参議院の決議では、教育勅語を軍人勅諭、戊申《ぼしん》詔書、青少年学徒勅語その他の諸詔勅とともに「既に廃止せられてその効力を失っている」として、「従来の如き効力を今なお保有するかの疑いを懐《いだ》く者がある」として、「既に効力を失っている事実を明確にする」という表現で、無効の確認をしています。

衆参両院の決議は、君主の著作である教育勅語の効力をなくすための効果的なものでした。国会決議は法律を可決するのとは違い、決議本文には法的拘束力がありません。つまり衆議院と参議院の総意を表明したにすぎないのです。しかし、国民の代表として選ばれた議員が議決することは、主権在民の日本国憲法にふさわしい意思の表明です。法的には無効化できなかった旧主権者の著作を無効にするための、最も有効な手段と言えるでしょう。

これをうけて、一九四八（昭和二三）年六月二五日に文部省は、都道府県知事あてに文部次官から「教育勅語等の取扱について」の通牒を発しました。そして一九四六年には学校に保管することを求めていた教育勅語の謄本を文部省へ回収することを徹底します。そのことで日本国憲法と教育基本法の趣旨に反する教育勅語を学校儀式で用いることを不可能にしたのです。

通牒というものも、官庁から関係機関の連絡通知であって、厳密には法的拘束力もないのですが、この敗戦から三年後の実質的な回収によって、ついに学校現場から特別な扱いを受ける教育勅語がなくなったのです。

学校儀式の代役たち

戦後の学校儀式は、学校教育法と学習指導要領のもとで、戦前の学校行事の中心となった三大節や四大節がない状態で進みました。一九四八（昭和二三）年には法律として「国民の祝日に関する法律」が制定され、天皇誕生日（昭和天皇の四月二九日）も含まれていますが、「国民の祝日」は「休日」として規定されているため、学校もお休みになります。

しかし、一九五〇（昭和二五）年に天野文部大臣が祝日に行事をおこなうことを推奨するとともに、「その際、国旗を掲揚し、国歌を斉唱することが望ましいと考えます」という談話を都道府県教育委員会等への通達として送りました。もちろん、ここには、教育勅語も、「御真影」も、登場しません。しかし、「日の丸」と「君が代」を国旗と国歌として学校儀式の必須アイテムとする流れが登場します。戦時下の国民学校令施行規則に至るまで、あくまでも「君ガ代」という一つの楽曲の名称で呼んでおり、公式に「国歌」と呼ぶことはありませんでした。ですから戦後に逆に事実上の「国歌」と格上げするようなかたちになっていきます。

一九五八（昭和三三）年一〇月告示・施行の小中学校の学習指導要領にも「学校行事等」で「国旗を掲揚し、君が代をせい唱《しょう》させることが望ましい。」という記述が登場しました。この記述が引きつがれ、一九七七年告示の小学校と中学校の学習指導要領では、細かいことですが、「君が代」を「国歌」と記しています。

こうして、戦前の教育勅語と「御真影」に代わって、国旗と国歌を必須とする戦後スタイルの学校儀式が定着していきます。「君が代」については第5節で述べましたので、戦前の学校儀式では必須でなかった「日の丸」について、ここでふり返っておきましょう。

日本では太陽そのものの信仰や天照大神《あまてらすおおかみ》を太陽と同一視する信仰があり、中国に由来する縦長の日章旗などが存在しました。

西洋近代の国際ルールでは船には国籍が明示されないと海賊船とみなされて保護されないため、国を表示する旗が必要となります。こうしたルールにもとづいて、日本船の国籍を表示する船章旗として、幕末に横長の日章旗の使用が広がります。そして一八七〇（明治三）年の太政官布告により郵船商船規則として「御国旗《ごこくき》」が定められます。

さらに様々なスタイルの軍艦旗（後に朝日新聞社のマークのような光が飛び出す旭日旗へ）や一六弁

の菊の花の天皇旗などが制定されていきます。こうした旗は、風雨にさらされる消耗品ですので、ボロボロになるまえに新品に代えます。例外は陸軍の連隊に授けられる連隊旗で、これだけは戦場でボロボロになったことをプライドとして、そのまま使用を続けました。

さて、戦後しばらくは「日の丸」と「君が代」が法的拘束力の小さな学習指導要領の規定によるものとして続いていったわけですが、一九八五（昭和六〇）年からは各県の入学式と卒業式における「国旗」の掲揚率と「国歌」の斉唱率を文部省が調査して発表するようになりました。各地で強制を批判してトラブルが発生しましたが、徐々に比率が上昇しました。一九九九（平成一一）年には「国旗及び国歌に関する法律」が制定されました。太政官布告を根拠にした「日の丸」と法令上の根拠の乏しい「君が代」が、はじめて法律の規定によって公式に「国旗」や「国歌」と定められたことになります。

現在では学校行事はもちろん、スポーツなどでも定着したと思われる「日の丸」と「君が代」ですが、「御真影」と教育勅語謄本に代わるアイテムとして入れ替わっていった経緯は知っておきたいと思います。現在でも、学校の儀式や公式行事で、国歌を歌ったか、国旗に礼をしたかということで、不敬事件のようなトラブルが発生していることがあります。

道徳教育復活への道

戦後教育改革では、修身科の授業が停止となり、一九五一（昭和二六）年版の「学習指導要領一般編（試案）」では、道徳教育は教科を設けないで、学校の教育活動全体を通じておこなうという原則が示されました。これは教育勅語のもとで戦争への体制を作り上げた修身科への反省と新しい教育のあり方を示したものです。一九四七年三月には教育基本法と学校教育法が公布されます。同年四月から新しい制度の小学校と中学校が義務教育となり、「社会科」が新設されて、社会の歴史や現状の知識とともに、新しいモラルを伝える科目となりました。教育基本法の掲げる「個人の尊厳」、「人格の完成」、「平和的な国家及び社会の形成者」という理念は、学校教育全体と社会科を通じて子どもたちに伝えられることになりました。

　ここで国際的な変化が起きます。アメリカとソ連の国際対立を前提にして、日本の民主化を推しすすめたアメリカの占領政策の見直しが進み、一九五一（昭和二六）年九月八日にはサンフランシスコ平和条約が調印されるなかで、ふたたび教育勅語の復活や、それに代わる基準を求める動きがおこりました。吉田茂内閣の文部大臣である天野貞祐《ていゆう》は「国民実践要領」の作成にあたり、同年一一月一七日に「文相草案」として『読売新聞』が報道することで注目を集めました。ここにあった「愛国心」や「独自の国体」という文言は世論の反発を招き、「天野勅語」と皮肉られて、受容されるには至りませんでした。

　しかし、学校の時間割のなかに道徳教育を位置づける動きが進みます。文部省の教育課程審議会が「道徳教育の特設時間」として検討を進めました。一九五八（昭和三三）年三月には小学校「道徳」実施要綱と中学校「道徳」実施要綱を文部省が発表し、同年八月には小学校学習指導要領と中学校学習指導要領の道徳編を告示しました。そして八月二八日の学校教育法施行規則の一部改正により同年九月から、つまり年度途中の二学期から実施する形で始まったのです。これが戦後の「道徳の時間」の再開であり、当時は「特設道徳」と呼ばれました。

戦後の学校教育では、学校教育法施行規則で授業時間数を定め、学習指導要領で教育内容のガイドラインを定めるかたちになります。このときは、小中学校の時間割に道徳の時間を確保することが最大の主眼で、小学校一年生から中学校三年生まで、毎週一時間の「道徳の時間」が置かれます。学習指導要領で「道徳」の内容は示されましたが、「通信簿」の公式の台帳である「指導要録」には評価は記載されません。ですから、子どもが評価されることはありません。また、教科書を検定する基準も定めないので、教科書は存在せず、読み物資料を中心とした「副読本」をもちいるスタイルになりました。

特設道徳には、現場の戸惑いや教育関係者の批判が寄せられていました。国家が国民の道徳を統制して愛国心などを強調するのではないかという教育勅語の時代を踏まえた批判と、子どもの生活と切りはなされた時間で道徳教育が可能なのかという方法論からの批判がありました。教育現場のとまどいも多く、ほかの授業等に用いられる実態もあり、このころに小中学校で学んだ世代からは「道徳の時間は時間割だけで自習の時間だった」という体験談を多く聞きます。また授業をおこなう場合も、教師が求める答えがみえる副読本の読み物教材や、ただ上映するだけの視聴覚教材などが見られました。

さらに文部省の中央教育審議会は、道徳の内容についての検討を進めました。一九六六（昭和四一）年一〇月の答申「後期中等教育の整備拡充について」を審議することにあわせて、高《こう》坂正顕《さかまさあき》を主査として期待される人間像の検討をおこない、答申に先立つ一九六五年一月に中間草案を発表しました。この文書は、道徳を項目立てて徳目整理して、「宗教的情操」「正しい愛国心」「天皇への敬愛」といった内容を含むものでした。この「期待される人間像」は、文部省のパンフレットや高坂正顕の著書によって広められましたが、実際に道徳教育の基準になるほどの影響力を持たなかったことも事実です。

愛国心が徳目に加わる

その後もほぼ一〇年に一度の学習指導要領改正ごとに、「道徳の時間」をめぐり、教育勅語と修身科に重なる問題を含めて議論が続きました。

特設道徳を開始した一九五八（昭和三三）年の小学校学習指導要領からは、『官報』に告示して、法令としての体裁をとりました。小学校の道徳では三十六、中学校では二十一の内容項目を示しました。内容項目というのは、教育勅語でも論じた徳目に相当するものです。教育勅語では文書全体を通じて続くのですが、学習指導要領では箇条書きになっています。ここで従来は避けられていた愛国心の記述が登場して、小学校の三十五番には「日本人としての自覚を持って国を愛し、国際社会の一環としての国家の発展に尽す。」という内容項目も記されました。特別活動である学校儀式については、国旗掲揚と君が代斉唱が記載されました。

続く一九六八（昭和四三）〜一九六九年の小中学校学習指導要領は、教育内容の現代化や科学教育が強調されて「詰め込み教育」の批判を受けたものですが、国家や神話を強調する内容をも含みました。道徳の時間は、学校の教育活動全体を通じておこなう道徳教育を補充し、深化し、統合するという位置づけを明記しました。

一九八九（平成元）年の小中学校学習指導要領は、関心・意欲・態度を強調したものです。これは「新しい学力観」と呼ばれました。道徳では、「生命に対する畏敬の念」の文言が加え、「主体性のある日本人」という表現で強調しました。年間指導計画が強調され、道徳の内容項目を小中学校共通の四つの視点で分類整理して、小学校低学年十四項目、中学年十八項目、高学年二十二項目、中学校十六項目としました。

一九九八（平成一〇）年の小中学校学習指導要領は、「生きる力」と「ゆとり」を強調して、学校週五日制に対応した授業時間の削減と総合的な学習の時間の導入をおこないました。道徳では、ボランティア活動や自然体験活動を強調されました。

また、学習指導要領にとどまらず、文部科学省が直接に「道徳の時間」の副読本を作成して、児童生徒の人数分を学校に配付することがはじまります。二〇〇二（平成一四）年には「心の教育」をテーマにして『心のノート』という教材が配付され、見開きのカラーの絵画や書き込み式の欄が注目されました。

二〇〇八（平成二〇）年の小中学校学習指導要領は、二〇〇六年の教育基本法全部改正を受けたものです。「道徳の時間を要として学校の教育活動全体を通じて行うもの」という要《かなめ》の位置づけを強調して、新しい教育基本法には「伝統と文化を尊重し」、「我が国と郷土を愛し」、「公共の精神を尊び」といった文言が加えられました。校長の下で道徳教育を推進する道徳教育推進教師を、学習指導要領の規定を根拠に置くことになりました。内容項目は、小学校低学年一五項目、中学年一九項目、高学年二十二項目、中学校二十四項目となりました。また、『心のノート』を拡充して、二〇一四年からは『私たちの道徳』というタイトルで、読み物資料を増やした教材が配られました。

存在感を増す「特別の教科である道徳」

ここまでの「道徳の時間」が、二〇一五（平成二七）年三月の学校教育法施行規則と小中学校・特別支援学校学習指導要領の一部改正によって、「特別の教科である道徳」へと大きく変化しました。

この直接のきっかけは、いじめ問題という深刻で現実的な問題への対応ですが、これまでの「道徳の時間」を「道徳科」という「特別の教科」にすることが最大の変化です。毎週一時間の時間数は変化がありませんが、まず学習指導要録、つまり子どもたちにとっては通信簿に「道徳」という評価欄が置かれます。また文部科学省が検定する教科書が用いられます。このことが従来とは大きく異なる点です。小学校では二〇一八（平成三〇）年度から、中学校では二〇一九年度から実施されます。

新しい「特別の教科である道徳」は、戦前の修身科の復活とも見えるので、そうした批判を踏まえて、「多様な価値観」が学習指導要領では強調されています。それは「考え、議論する道徳」というキーワードで文部科学省から発表されました。「特定の価値観を押しつけたり、主体性をもたず言われるままに行動するよう指導することは、道徳教育が目指す方向の対極にあると言わなければならない」と二〇一四（平成二六）年の中央教育審議会答申に明記されています。これは、教育勅語による修身科の教育とは一線を画するものと言えます。

しかしながら、従来の「道徳の時間」を通じて、文部省や文部科学省が学習指導要領で規定した内容項目という徳目を教えるというスタイルは堅持されています。また読み物教材を読んで登場人物の心情を理解するというスタイルの授業は、同じ中央教育審議会答申で批判されましたが、実際には教科書を用いることで、読み物教材も継続したままになっています。

また二〇一八（平成三〇）年三月の学習指導要領では、新たに高等学校の「公共」という必修科目が位置づけられ、従来の「公民」に加えて、高等学校教育における道徳教育として位置づけが明記されました。

二〇一七（平成二九）年三月、新しい道徳科の小学校分の教科書が発表されるタイミングに、大阪の学校法人森友《もりとも》学園が新設しようとした小学校の公有地売却問題が注目を集め、設置する幼稚園で教育勅語の暗誦をしていたことが話題となりました。これが国会で取り上げられ、「教育勅語の中の親孝行とかは良い面だと思う」と閣僚が答弁したり、さらに閣議決定した答弁書で「憲法や教育基本法等に反しないような形で教育に関する勅語を教材として用いることまでは否定されることではないと考えている」と回答したりしたことが注目を集めました。

主権在民や基本的人権などを掲げる日本国憲法と教育基本法が、教育勅語と矛盾することは歴史的には明白な事実だったのですが、ここでは教育勅語がそのまま暗誦や実践を求める教材として用いられるという危機感が広がりました。このため、教育の学会から批判や声明が相次ぐという事態ともなりました。

このように、教育勅語とめぐっては、その後も論争的な状況が続いています。ここまで本書を読まれたみなさんのまわりでは、どうでしょうか。君主の著作としての教育勅語をまずは正確に理解すること、そしてさまざまな理解と歴史の変遷の事実を知ったうえで考えることが、まず前提になると思います。まずは、ここまでの考えた知識や論理が、みなさんの道徳観や歴史観を深化させていくことを期待しています。

第3部

考究

——これまでにわかっていること

文献案内

教育勅語について、深く考えていくために手助けとなる文献の特徴を紹介したいと思います。本書は、学術研究の世界の通説を前提にして概説しましたので、ここで紹介する代表的な刊行物を参考にしています。本文で簡単に言及した文献に関心がある場合は、ぜひとも読んでみてください。

＊　＊

教育勅語に関連する学術研究が数多く発表される学会は、日本・東洋・西洋の教育史の研究者による教育史学会（一九五六年創立、紀要『日本の教育史学』）です。この学会は、二〇一七（平成二九）年には教育勅語の問題について理事会声明を発表して、そのシンポジウムをまとめて一般読者に向けて、教育史学会編『教育勅語の何が問題か』（岩波ブックレット、二〇一七年）を刊行しました。読みやすいコンパクトな冊子に、不敬事件や植民地の問題も含めて、教育史研究上の通説を説明しています。

また、広範な教育学研究者が参加する日本教育学会（一九四一年創立、紀要『教育学研究』）は、日本教育学会教育勅語問題ワーキンググループ編『教育勅語と学校教育　教育勅語の教材使用問題をどう考えるか』（世織書房、二〇一八年）を刊行して学校現場の課題も分析していますので、学校の教員にもお勧めできます。このほか、日本教育史学会（一九四一年創立、紀要『日本教育史学会紀要』）や日本教育史研究会（一九八一年創立、紀要『日本教育史研究』）という学会でも、教育勅語に関連する歴史研究が発表されています。

教育勅語を一般に普及している団体としては、明治天皇と昭憲皇太后を祭神とする明治神宮が有力です。東京都新宿区代々木の境内では教育勅語のパンフレットなどを配布しています。明治神宮がウェブページで発信する国民道徳協会による現代語訳は、私が本書で記した現代語とは大きく異なります。この翻訳は、明治神宮が戦後日本に合った解釈として教育勅語を広めようとする自由な宗教運動として理解できると思います。また明治神宮は、明治期の神道などの歴史研究のための学会である明治聖徳記念学会（一九一二年創立、紀要『明治聖徳記念学会紀要』）の事務局が置かれています。この学会でも教育勅語の研究が発表されています。

＊＊

次に、教育勅語をめぐって参考される代表的な研究書を紹介します。読みこなすには時間が必要なものや、絶版や品切れになって大きな図書館で閲覧することになるものもあります。もちろん、近年の研究書は、書店で入手できるものが多くあります。

教育勅語がどのように成立したか膨大な資料を駆使してあきらかにしたのが、海後宗臣《かいごときおみ》の『教育勅語成立史の研究』（私家版、一九六五年）です。東京大学教育学部の学部長や教授をつとめた海後宗臣による学術書ですが、出版社ではなく自費出版で出されました。この『教育勅語成立史の研究』は、教育勅語の起草過程を井上毅らの文書によって再構成した労作として、現在も言及されつづけています。この私家版は印刷部数も限られていましたが、『海後宗臣著作集』（東京書籍、全一〇巻、一九八〇〜八一年）の第一〇巻で全文が復刻されました。海後宗臣の教育勅語研究は、戦前昭和期からはじまり、文部省の国民精神文化研究所でおこなわれたものが基盤になっています。彼が中心になって編集した『教育勅語渙発《かんぱつ》関係資料集』（全三巻、国民精神文化研究所、一九三九年）が資料集としてまとめられています。

なお、教育勅語成立研究では、稲田正次の『教育勅語成立過程の研究』（講談社、一九七一年）が、海後宗臣の文書読解に対していくつかの異論を呈したのですが、海後の著書を上回る評価は得られませんでした。むしろ稲田正次は、『明治憲法成立史』（有斐閣、一九六〇〜六二年）という大著が、現在でも憲法史研究の古典として著名です。

近年の教育勅語の成立過程の研究では、森川輝紀《てるみち》の『増補版　教育勅語への道—教育の政治史』（三元社、二〇一一年、初版は一九九〇年）があります。明治初期の教育行政家である田中不二麿や元田永孚らの教育思想を分析して、教育勅語に至る経緯を検証したものです。

教育勅語の普及プロセスの資料は、みすず書房の『続・現代史資料』のシリーズとして、佐藤秀夫が編集したものがよく活用されます。儀式や事件を含む普及過程の資料を収めた『続・現代史資料（8）教育　御真影と教育勅語1』（一九九四年）、『続・現代史資料（9）教育　御真影と教育勅語2』（一九九六年）、植民地や戦後改革の資料を収めた『続・現代史資料（10）教育御真影と教育勅語3』（一九九六年）です。国立教育研究所から日本大学に異動した佐藤秀夫は、教育をめぐる慣行や文化についての研究が多く、全四巻の著作集の『教育の文化史』（阿吽社、二〇〇五年）や、『日本の教育課題1「日の丸」「君が代」と学校』（東京法令出版、一九九五年）、『日本の教育課題5　学校行事を見直す』（東京法令出版、二〇〇二年）にも、教育勅語や儀式に関する論考が含まれます。

また、教育勅語を解説した衍義書《えんぎしょ》の復刻に、日本大学精神文化研究所・日本大学制度研究所による『教育勅語関係資料』（第一集・一九七四年〜第一四集・一九九〇年、創文社制作）があります。教育勅語の多様な解釈をみるためには、とても便利な資料集です。

教育勅語の解釈などをめぐる論争は、久木幸男の『日本教育論争史録　第一巻　近代編（上）』（第一法規出版、一九八〇年）が、まとまった資料集です。教育と宗教や国民道徳をめぐる論争が収録され、簡潔明瞭な解説がなされています。久木幸男は、このほか多くの教育勅語の論文を発表していますが、著作集がまだ出されていないことが惜しまれます。

また、教育勅語解釈をめぐる近年の研究では、森川輝紀の『国民道徳論の道』（三元社、二〇〇三年）でも、井上哲次郎や吉田熊次による解釈などの明晰な分析がおこなわれています。余談ですが、本書では私の吉田熊次評価への批判もおこなわれています。

教育勅語が海外で評価されたといわれることについて、平田諭治《ゆうじ》の『教育勅語国際関係史の研究』（風間書房、一九九七年）が定評があります。戦前の学者たちが意識的に海外に講演や翻訳をして評価を受けるようにはかった事情を実証的にあきらかにしています。

教育勅語などをめぐる不敬事件については、キリスト教史を研究した小沢三郎の『内村鑑三不敬事件』（新教出版社、一九六一年）が古典といえるほど広く読まれました。このもとで、多くのキリスト教主義学校では、戦時下に至るキリスト教の抑圧としての学校史が描かれており、近年の緻密な研究としては榑松《くれまつ》かほる他著の『戦時下のキリスト教主義学校』（教文館、二〇一七年）があります。

総体的に不敬事件を研究した小股憲明《おまたのりあき》の『明治期における不敬事件の研究』（思文閣出版、二〇一〇年）は、二二八事例をとりあげた重厚な資料と解説です。小股憲明による不敬事件の概説は前掲の岩波ブックレット『教育勅語の何が問題か』で読むことができます。

教育勅語と並んで学校儀式で用いられた「御真影」については、小野雅章《まさあき》の『御真影と学校――「奉護《ほうご》」の変容』（東京大学出版会、二〇一四年）が明治初期から戦後に至る包括的な全体像を示した決定版と言えるものです。小野雅章による概説は、前掲の日本教育学会の『教育勅語と学校教育』で読むことができます。

また、日本の植民地での教育勅語については、駒込武の『植民地帝国日本の文化統合』（岩波書店、一九九六年）に台湾の状況など多くの研究が発表されています。このテーマについての樋浦郷子《ひうらさとこ》による概説は、前掲の岩波ブックレット『教育勅語の何が問題か』で読むことができます。

教育勅語や学校儀式などの戦前の法令本文を確認するには、当時の『官報』を国会図書館でみることもできますが、米田俊彦の『近代日本教育関係法令体系』（港の人、二〇〇九年）が便利です。

＊　＊

次に近年に一般読者向けに刊行された読みやすい本を見てみましょう。最近、版を重ねたものに、一〇名の研究者やジャーナリストが執筆した岩波書店編『徹底検証　教育勅語と日本社会』（岩波書店、二〇一七年）があります。解釈史からはじまり、戦後社会の現在に至る教育勅語の問題を多角的に述べていることが特色です。

岩本努《いわもとつとむ》の『教育勅語の研究』（民衆社、二〇〇一年）は、教育勅語謄本や教育勅語に関する事件を記したオリジナルな発見が示された貴重な研究ですが、読みやすく工夫されています。岩本努の『「御真影」に殉じた教師たち』（大月書店、一九八九年）は丹念な研究として定評があり、近年では漫画入りの読みやすい『13歳からの教育勅語』（かもがわ出版、二〇一八年）も発表しています。

このほか、教育勅語を肯定する立場や批判する立場から、多くの批評や評論が発表されています。さまざまな立場の論客も、歴史上の事実については、ここで紹介した研究書や資料集に依拠することが多いようです。本書で示した本文や歴史の概略を踏まえれば、さまざまな論書も読みこなせるものと思います。

最後に私の研究については、前掲の教育史学会や明治聖徳記念学会の紀要などに掲載した論文を収録した『共通教化と教育勅語』を東京大学出版会から二〇一九年に刊行します。現在の特別の教科である道徳までの概要は、伊東毅との共著『道徳科教育講義』（武蔵野美術大学出版局、二〇一七年）に記しています。また概説は、前掲の岩波ブックレット『教育勅語の何が問題か』や岩波書店編『徹底検証　教育勅語と日本社会』にも記しています。

＊　＊

なお道徳教育や修身教育には多くの研究があります。国定教科書の「第一期」などの使用開始年度区切りは、全学年一斉に改定された国語（読本）の教科書の時期でおこなわれることが普通です。しかし、修身科の教科書は微妙に時期がずれて、巻によって使用開始年が最大六年も遅れます。本書では、教科書研究で知られる中村紀久二による『復刻国定修身教科書解説・索引』（大空社、一九九四年）を参考にしました。

資料

教育勅語について、重要な参考資料を掲載します。資料は常用漢字に直し、読みやすくするために句読点と改行を加えています。文章はできるかぎり原文によりますが、中心となるキーワードを目立たせるために、一部をゴシックに加工しています。また、長文の資料の一部を（以下省略）（略）として省略しています。天皇などへの尊敬を表す改行である平出《へいしゅつ》は㋬、一文字開けの闕字《けつじ》は㋘として示します。

学制布告書のフリガナは当時のものですが、そのほかは適宜《てきぎ》現代の読み方でふりがなを追加しました。明治期からの公文書や詔勅の読み方は、公式にふりがなが発表されるわけではありませんので、一定しません。一般に明治期からは漢字を漢音で読むことが広がりますが、呉音や慣用音も用いられ、また訓読みもあります。教育勅語もこうした読み方が混用されたまま、国定修身教科書で漢音と訓読中心に一部は「成就《じょうじゅ》」（漢音はセイシュウ）のように呉音が残りました。こうしたことから、ここでは最も当時妥当な読み方を現代かなづかいで付しました。

❶ 一八七二（明治五）年七月付　学制布告書

近代西洋の学校制度を導入した「学制」の理念を広く知らせるために、太政官《だじょうかん》の名義で出された文書です。明治政府の太政官の権威をもって出されたので、「学事奨励に関する被仰出書《おおせいだされしょ》」とよばれ、江戸時代のように統治者が「おおせいだされ」た文書と理解されました。当時から内容を伝える工夫として、右側に読み方、左側に意味を示す右訓・左訓と呼ばれるふりがなを記しています。テキストは『明治以降教育制度発達史』第一巻によります。

しかし内容は、国家の権威よりも、個人の生活のための学校への就学を説明したものです。西洋近代の学問を押し出して、江戸時代までの儒学を否定し、身分や男女を問わずに子どもを学校に行かせるように親たちへ求めています。のちの教育勅語とは異なる理念を示した文書です。【129ページ参照】

人々自《みづか》ら其身を立て其産《さん》《しんだい》を治《をさ》め其業《げふ》《とせひ》を昌《さかん》にして以て其生《せい》《いつしやう》を遂《とぐ》るゆゑんのものは他《た》なし。身を脩《をさ》め智《ち》《ちへ》を開《ひら》き才芸《さいげい》《きりやうわざ》を長《ちやう》《ます》するによるなり。而て其身を脩め智を開き才芸を長ずるは学《がく》《がくもん》にあらざれば能《あた》はず。是れ学校《がくかう》《がくもんじよ》の設《もうけ》あるゆゑんにして日用常行言語書算《にちよふじやうこうげんぎよしよさん》《ひびのみのおこない ことばづかひてならいそろばん》を初《はじ》め士官《しくわん》《やくにん》農商百工技芸《のうしやうひやくこうぎげい》《ひやくしやうあきんどしよくにん げいにん》及び法律政治天文医療《はうりつせいぢてんもんいれう》《おきて やまひいやす》等に至る迄凡人の営《いとな》むところの事学《がくもん》あらさるはなし。人能く其才のあるところに応《おう》《まかせ》し勉励《べんれい》《つとめはげみ》して之に従事《じうじ》《よりしたがひ》ししかして後初て生を治め産を興《おこ》し業を昌にするを得べし。されは学問《がくもん》は身を立るの財本《ざいほん》《もとで》ともいふべきものにして人たるもの誰《たれ》か学はずして可ならんや。夫《か》の道路《どうろ》《みち》に迷《まよ》ひ飢餓《きが》《くひものなき》に陥《おちひ》り家を破り身を喪《うしなふ》《なくする》の徒《と》《ともがら》の如きは畢竟不学《ひつきやうふがく》《つまり がくもんせぬ》よりしてかゝる過《あやま》ちを生ずるなり。従来《じうらい》《もとから》学校の設ありてより年を歴《ふ》ること久しといへども或は其道を得ざるよりして人其方向《はうこう》《めあて》を誤《あやま》《まちがひ》り学問は士人《しじん》《さむらひ》以上の事とし農工商及婦女子《ふじよし》《をんなこども》に至つては之を度外《どぐわい》《のけもの》におき学問の何物《なにもの》たるを弁《べん》ぜず又士人以上の稀《まれ》に学ふ者も動《やや》もすれは国家《こくか》《くに》の為にすと唱《とな》へ身を立るの基《もとゐ》たるを知《しら》すして或は詞章記誦《ししようきしよう》《ことばのあやそらよみ》の末に趨《はし》り空理虚談《くうりきよだん》《むだりくつそらばなし》の途《と》に陥《おちい》《はまり》り其論高尚《ろんかうしやう》に似たりといへども之を身に行《おこな》ひ事に施《ほどこ》すこと能《あたわ》ざるもの少からず。［略］之に依て今般文部省《もんぶしやう》《りつぱ》に於て学制《がくせい》《がくもんのしかた》を定め追々教則《きやうそく》《をしへかた》をも改正《かいせい》し布告に及ふべきにつき自今以後《じこんいご》《いまよりのち》一般《いつぱん》《いちどう》の人民《ひとびと》華士族農工商及婦女子必す邑《いふ》《むら》に不学の戸なく家に不学の人なからしめん事を期《き》《まつ》す。人の父兄《ふけい》《ちちあに》たるもの宜しく此意を体認《たいにん》《こころえ》し其愛育《あいいく》《かわいがる》の情《じやう》《こころ》を厚《あつ》くし其子弟をして必す学に従事せしめざるべからざるものなり高上の学に至ては其人の材能に任かすといへども幼童の子弟は男女の別なく小学に従事せざるものは其父兄の越度たるべき事

（以下省略）

❷ 一八八二（明治一五）年一月四日「軍人勅諭」

明治維新は薩摩や長州の藩の軍事力でおこなわれましたが、維新政府の統一的な兵力をもつため一八七二（明治五）年に徴兵制を打ち出して、翌年に徴兵令を出しました。しかし軍人には自由民権運動などの動揺が見られました。このため軍人に対して「勅諭」と題し、「軍人勅諭」「陸海軍軍人に賜はりたる勅諭」と呼ばれる文書が明治天皇から出されます。

この文書を発議した山県有朋《やまがたありとも》は、教育勅語が出されるときの内閣総理大臣でもあり、教育勅語

が出されるさいにも先行例として言及されます。この勅諭は、「朕は大元帥《だいげんすい》なるぞ」「死は鴻毛《こうもう》よりも軽し」という言葉が有名です。漢文訓読調ではなく洋学者の西周《にしあまね》らが起草した通常の文体で、教育勅語と比べると、くだけた文章という印象を受けるでしょう。しかし、軍隊教育では神聖視され、箇条書きされた忠節、礼儀、武勇、信義、質素の五つはその後も強調されました。署名は「御名」だけで記されています。ただし後世には教育勅語のように「御名御璽」と印刷されました。

勅　諭

我国の軍隊は世々《よよ》天皇の統率し給《たま》ふ所にそある。昔《むかし》神武天皇躬《み》つから大伴物部《おおとものもののべ》の兵《つわもの》ともを率《ひき》ゐ中国《なかつくに》のまつろはぬものともを討《う》ち平《たいら》け給ひ、高御座《たかみくら》に即《つ》かせられて、天下《あめのした》しろしめし給ひしより二千五百有余年を経《へ》ぬ。（略）

されは此時《このとき》に於て兵制を更《あらた》め我国の光を耀《かがやか》さんと思ひ、此十五年か程に陸海軍の制をは今の様に建定《たてさだ》めぬ。夫兵馬《それへいば》の大権は朕か統《す》ふる所なれは、其司々《そのつかさつかさ》をこそ臣下には任《まか》すなれ、其大綱は朕親《みずから》之を攬《と》り、肯《あえ》て臣下に委《ゆだ》ぬへきものにあらす。

子々孫々に至るまで篤く斯旨《このむね》を伝へ、天子は文武の大権を掌握するの義を存《そん》して再《ふたたび》中世《ちゅうせい》以《い》降《こう》の如《ごと》き失体《しったい》なからんことを望むなり。

朕は汝等軍人の大元帥《だいげんすい》なるそ。されは、朕は汝等《なんじら》を股肱《ここう》と頼み、汝等は朕を頭首《とうしゅ》と仰《あお》きてそ、其親《そのしたしみ》は特《こと》に深かるへき。（略）

一　軍人は忠節を尽《つく》すを本分とすへし。（略）
抑《そもそも》国家を保護し国権を維持するは兵力に在《あ》れは、兵力の消長は是《これ》国運の盛衰なることを弁《わきま》へ、世論に惑《まど》はす、政治に拘《かかわ》らす、只々一途《ただただいちず》に己か本分の忠節を守り、義は山嶽《さんがく》よりも重く死は鴻毛《こうもう》よりも軽《かろ》しと覚悟せよ。其操《そのみさお》を破りて不覚を取り汚名を受くるなかれ。
一　軍人は礼儀を正《ただし》くすへし。（略）
一　軍人は武勇を尚《とうと》ふへし。（略）
一　軍人は信義を重《おも》んすへし。（略）
一　軍人は質素を旨とすへし。（略）
明治十五年一月四日
御名

❸一八八九（明治二二）年二月一一日　大日本帝国憲法「告文」・帝国憲法勅語・公布文

教育勅語の前年に出された大日本帝国憲法は、天皇自らが定めた欽定《きんてい》憲法の形式を取り、「日本臣民」と呼ばれる民衆の権利や義務などを定めました。帝国憲法の公布は、『官報』号外としておこなわれます。冒頭に十六弁の菊の紋章を印刷し、「告文」と「帝国憲法勅語」の上部にも同様に印刷するという、政府の新聞としては異例の手段で厳かさを表現しました。

「告文」は君主が祖先や神々に告げるための文章です。古くは「こうもん」や「こうぶん」と読みますが、近代ですから漢音で「こくぶん」と読んで良いでしょう。明治天皇が祖先に尊敬を込めて申し告げるわけですから、祖先の神々である皇祖、祖先の歴代天皇である皇宗、父親つまり孝明天皇である皇考に対しては文章上の敬意を表する平出（ここでは㋬）を十二回も用いています。また、「皇室典範及憲法ヲ制ス」と述べています。皇室典範は天皇の一族のルールですから、憲法よりも前に書いて祖先に報告する必要があるわけです。

ついで「帝国憲法勅語」です。天皇が臣民に対して述べるのが勅語ですから、文中に言及される祖先については、平出や闕字はありません。憲法を自ら「不磨《ふま》ノ大典」つまり磨《みが》く必要のない偉大な文書と呼びました。文章を磨くとは推敲すること、つまり法令を変更することですが、実は憲法七十三条には改正手続が定められています。

最後は憲法本文の直前にある文書で、これにはタイトルがありません。天皇が説明したものですから「上諭《じょうゆ》」という呼び方もあります。天皇に大臣の副署があって、今日に至る法令の公布文の形式を取っていますので、「公布文」と呼んでおくべきでしょう。こちらも天皇が国民に公布しているのですから、平出や闕字はありません。この公布文も、天皇と臣民の関係を述べているわけですが、近代的な憲法の形態をとるために、公布文に施行日の規定として翌年の一八九〇（明治二三）年に議会を開催して憲法を施行すると宣言しています。さらには、憲法の改正についても議会で改正を議決できると説明しています。実際にこのとおりに大日本帝国憲法が帝国議会で全部改正されて、今日の日本国憲法が成立したのです。なお、公布文に一八八一（明治一四）年一〇月一二日の「国会開設の詔」を「十四日」と誤記しています。ここでは『官報』に公布したとおりに掲載しましたが、二月一四日の『官報』で「十二日」と訂正されています。

これらの文章を実際に起草したのは井上毅であることが、稲田正次らの研究であきらかになっています。名文家で知られる彼の語調や言葉の選び方が、教育勅語と大きく重なりながらも、文章ごとに変えてある工夫は、読んでみると感じますね。実は大日本帝国憲法は、教育についての条項を持っていません。これらの文書と大日本帝国憲法を貫く天皇と臣民の関係が、教育勅語の「天壌無窮ノ皇運ヲ扶翼スヘシ」という関係へとつながっていきます。

(1) 告文

皇《すめら》朕《わ》レ謹《つつし》ミ畏《かしこ》ミ㋬皇祖《こうそ》㋬皇宗《こうそう》ノ神霊《しんれい》ニ誥《つ》ケ白《もう》サク、皇朕レ天壌無窮ノ宏謨《こうぼ》ニ循《したが》ヒ惟神《かんながら》ノ宝《ほう》祚《そ》ヲ承継《しょうけい》シ旧図《きゅうと》ヲ保持《ほじ》シテ、敢《あえ》テ失墜スルコト無《な》シ。顧《かえり》ミルニ世局《せいきょく》ノ進運《しんうん》ニ膺《あた》リ人文《じんもん》ノ発達ニ随《したが》ヒ、宜《よろし》ク㋬皇祖㋬皇宗ノ遺訓ヲ明徴《めいちょう》ニシ典憲《てんけん》ヲ成立シ条章《じょうしょう》ヲ昭示《しょうじ》シ、内《うち》ハ以《もっ》テ子孫ノ率由《そつゆう》スル所ト為《な》シ、外《そと》ハ以テ臣民翼賛ノ道ヲ広メ永遠ニ遵行《じゅんこう》セシメ、益々国家ノ丕基《ひき》ヲ鞏固《きょうこ》ニシ、八《はっ》洲《しゅう》民生《みんせい》ノ慶福《けいふく》ヲ増進スヘシ。茲《ここ》ニ皇室典範及《および》憲法ヲ制定ス。惟《おも》フニ此《こ》レ皆《みな》㋬皇祖㋬皇宗ノ後《こう》裔《えい》ニ貽《のこ》シタマヘル統治ノ洪範《こうはん》ヲ紹述《しょうじゅつ》スルニ外《ほか》ナラス、而《しか》シテ朕カ躬《み》ニ逮《および》テ時《とき》ト倶《とも》ニ挙行スルコトヲ得《う》ルハ、洵《まこと》ニ㋬皇祖㋬皇宗及《および》我カ㋬皇考《こうこう》ノ威霊《いれい》ニ倚藉《いしゃ》スルニ由《よ》ラサルハ無《な》シ。皇朕レ仰《あおぎ》テ㋬皇祖㋬皇宗及㋬皇考ノ神祐《しんゆう》ヲ禱《いの》リ、併《あわ》セテ朕《ちん》カ現在及《および》将来ニ臣民ニ率先シ此《こ》ノ憲章ヲ履行シテ愆《あやま》ラサラムコトヲ誓フ。庶幾《ねがわ》クハ(へ)神霊《しんれい》此レヲ鑑《かんが》ミタマヘ。

(2) 憲法発布勅語

朕《ちん》国家ノ隆昌《りゆうしよう》ト臣民ノ慶福《けいふく》トヲ以テ中心ノ欣栄《きんえい》トシ、朕カ祖宗《そそう》ニ承《う》クルノ大権《たいけん》ニ依《よ》リ現在及将来ノ臣民ニ対シ此ノ不磨《ふま》ノ大典《たいてん》ヲ宣布《せんぷ》ス。惟《おも》フニ我カ祖《そ》我カ宗《そう》ハ我カ臣民祖先ノ協力輔翼《ほよく》ニ倚《よ》リ我カ帝国ヲ肇造《ちようぞう》シ、以テ無窮ニ垂《た》レタリ。此レ我カ神聖ナル祖宗ノ威徳《いとく》ト並ニ臣民ノ忠実勇武ニシテ、国ヲ愛シ公ニ殉《したが》ヒ以テ此ノ光輝《こうき》アル国史ノ成跡《せいせき》ヲ貽《のこ》シタルナリ。朕我カ臣民ハ即チ祖宗ノ忠良ナル臣民ノ子孫ナルヲ回想シ、其ノ朕カ意ヲ奉体《ほうたい》シ朕カ事ヲ奨順《しようじゆん》シ相与《あいとも》ニ和衷《わちゆう》協同シ、益々我カ帝国ノ光栄ヲ中外ニ宣揚《せんよう》シ祖宗ノ遺業《いぎよう》ヲ永久ニ鞏固《きようこ》ナラシムルノ希望ヲ同クシ、此ノ負担ヲ分《わか》ツニ堪《た》フルコトヲ疑ハサルナリ。

(3) 公布文(上諭)

朕祖宗《そそう》ノ遺烈《いれつ》ヲ承《う》ケ万世一系ノ帝位ヲ践《ふ》ミ、朕カ親愛スル所ノ臣民ハ即チ朕カ祖宗ノ恵撫慈《けいぶじ》養《よう》シタマヒシ所ノ臣民ナルヲ念《おも》ヒ、其ノ康福《こうふく》ヲ増進シ其ノ懿徳《いとく》良能《りようのう》ヲ発達セシメムコトヲ願ヒ、又其ノ翼賛ニ依《よ》リ与《とも》ニ倶《とも》ニ国家ノ進運《しんうん》ヲ扶持《ふじ》セムコトヲ望ミ、乃《すなわ》チ明治十四年十月十四日ノ詔命《しようめい》ヲ履践《りせん》シ、茲《ここ》ニ大憲《たいけん》ヲ制定シ朕カ率由《そつゆう》スル所ヲ示シ朕カ後嗣《こうし》及臣民及臣民ノ子孫タル者ヲシテ永遠ニ循行《じゆんこう》スル所ヲ知ラシム。

国家統治ノ大権ハ、朕カ之ヲ祖宗ニ承ケテ之ヲ子孫ニ伝フル所ナリ。朕及朕カ子孫ハ将来此ノ憲法ノ条章ニ循《したが》ヒ之ヲ行フコトヲ愆《あやま》ラサルヘシ。

朕ハ我カ臣民ノ権利及財産ノ安全ヲ貴重シ及之ヲ保護シ此ノ憲法及法律ノ範囲内ニ於テ其ノ享有《きょうゆう》ヲ完全ナラシムヘキコトヲ宣言ス。

帝国議会ハ明治二十三年ヲ以テ之ヲ召集シ、議会開会ノ時ヲ以テ此ノ憲法ヲシテ有効ナラシムルノ期トスヘシ。

将来若《もし》此ノ憲法ノ或《あ》ル条章ヲ改定スルノ必要ナル時宜《じぎ》ヲ見ルニ至ラハ、朕及朕カ継統《けいとう》ノ子孫ハ発議ノ権ヲ執《と》リ之ヲ議会ニ付シ議会ハ此ノ憲法ニ定メタル要件ニ依リ之ヲ議決スルノ外《ほか》、朕カ子孫及臣民ハ敢《あえ》テ之カ紛更《ふんこう》ヲ試ミルコトヲ得サルヘシ。

朕カ在廷ノ大臣ハ朕カ為ニ此ノ憲法ヲ施行スルノ責ニ任スヘク、朕カ現在及将来ノ臣民ハ此ノ憲法ニ対シ永遠ニ従順ノ義務ヲ負フヘシ。

御名御璽

明治二十二年二月十一日

内閣総理大臣　伯爵　黒田清隆

枢密院議長　伯爵　伊藤博文〔以下、大臣官職爵位氏名省略〕

❹ 一八九〇（明治二三）年九月二六日　「徳教ニ関スル勅諭ノ議」ほか

教育勅語という名称が確定する前の内閣等の文書類です。

（1）一八九〇（明治二三）年九月二六日に文部大臣の芳川顕正《よしかわあきまさ》が閣議に「徳教ニ関スル勅諭ノ議」を提出します。ここで「徳教ニ関スル勅諭」と教育勅語が呼ばれていることや、井上毅《こわし》が中村正直《まさなお》草案を批判したときに確認された「学説」を論じると議論が混乱するという論点、さらに東京高等師範学校への交付案や小学校令公布と同時という実際に採用されなかった二つの発表方法が論じられます。また子どもの暗誦《あんしょう》や衍義書《えんぎしょ》の刊行なども提案されています。

（2）この（1）に添付した「勅諭案」では、本文を一部訂正して、タイトルも「勅語案」としています。訂正が終わったテキストでもまだ教育勅語本文とは違いがあります。

（3）右記の（1）（2）を踏まえ、次の（4）（5）を添付して天皇に提出した上奏文です。一〇月二〇日に「徳教ニ関スル勅語ノ件」として内閣総理大臣山県有朋が明治天皇に上奏して、一〇月二四日に天皇による裁可が「可」の朱印を押すことで確定した文書です。

（4）右記（3）に添付された教育勅語の交付方法です。小学校令公布と同時という提案は下ろされ、高等師範学校への交付案が記されています。

（5）右記（3）に添付された教育勅語案です。（2）の修正を踏まえてさらに修正されています。修正は一箇所ですが、（2）の「夫婦相和《むつまじ》キ」が「夫婦相和シ」に訂正されています。軍人勅諭同様として大臣副署をしないことも明記されています。

（6）公文書館ではここに綴られていますが、本来は（1）の最初に付けられるべき九月二六日の閣議請議案の鑑《かがみ》です。さらに（7）は事後的な記録で実際には内閣総理大臣と文部大臣に渡す方法へ訂正したもので、これが現在も伝わる文部省旧蔵原本を渡したときの記録に当たります。これらは、国立公文書館所蔵『公文類聚《こうぶんるいしゅう》』として保管されています。【147ページ参照】

（1）「徳教ニ関スル勅諭ノ議」（一八九〇（明治二三）年九月二六日の閣議案）

徳教《とくきょう》ニ関スル㋘勅諭ノ議

我カ叡聖文武《えいせいぶんぶ》ナル㋬皇上《こうじょう》陛下ハ、夙《つと》ニ徳教ノ弛廃《しはい》ニ赴《おもむ》カントスル傾向アルヲ軫念《しんねん》アラセラレ、曩時《さきのとき》辱《かたじけな》クモ親《したし》ク前任文部大臣ニ㋘勅スルニ、徳教ノ基礎トナルヘキ要項ノ㋘勅諭ヲ草スルヲ以テス。顕正《あきまさ》叨《みだ》リニ其後任ヲ襲《おそ》フノ日ニ方《あた》リ内閣総理大臣ヲ経テ申《もうし》テ勅旨ヲ伝ヘシメラル。顕正《あきまさ》謹《つつし》ンテ之ヲ拝シ恐懼《きようく》措《お》ク能《あた》ハス。爾来《じらい》焦心《しようしん》苦慮《くりよ》シテ以テ㋘勅旨ニ副《そ》ハンコトヲ冀《こ》フ。

惟《おも》フニ其事苟《いやしく》モ学説ニ関シ理想ニ渉《わた》ルトキハ㋘勅諭ニ対シ他ノ論難攻撃ヲ試ムヘキ勢ノ免《まぬか》レサル所ナルヲ以テ、遠ク既往ヲ鑑《かんが》ミ、深ク将来ヲ考へ、我カ建国ノ大本《たいほん》ニ基キ徳教ノ主義ヲ定メ、遂ニ㋘勅諭案ヲ草スルニ至ル。

案成リ浄写シテ恭《うやうやし》ク之ヲ㋘陛下ニ棒〔ママ〕《ささ》ケ、内旨《ないし》ヲ伺《うかが》ヒ奉リタルニ、大要別紙ノ通《とおり》ニテ然ルヘシトノ御沙汰《ごさた》ヲ蒙《こうむ》レリ。

而シテ㋬勅諭ヲ発表スル方法、二アリ。即《すなわ》チ高等師範学校ニ㋘聖駕《せいが》親臨《しんりん》ヲ仰キテ㋘勅諭ヲ賜ハランコトヲ願ヒ、本大臣之ヲ受ケ、以テ訓令ヲ全国ニ発シ、普《あまね》ク衆庶《しゅうしょ》ニ示スカ。或《あるい》ハ不日、小学校令発布ノ同時ニ於テ(け)勅諭ヲ公布セラルヘキカ。

其二者ノ一ヲ選用シ(け)勅諭ヲ発表セラル、ニ於テハ、本大臣(け)聖意ヲ奉体シ、務《つと》メテ徳教ヲ普及拡張セシムルノ方法ヲ設クルヲ任トス。故ニ一方ニ於テハ教科書ノ巻首《かんしゅ》ニ弁《べん》スルニ(け)勅諭ヲ以テシ、臣民ノ子弟ヲシテ日課ヲ始ムルゴトニ之ヲ拝誦《はいしょう》セシメ、自然(け)聖意ノ在ル所ヲ脳裏ニ感銘シ、以テ徳教ニ風化セシメントス。又他ノ一方ニ於テハ耆徳碩学《きとくせきがく》ノ士ヲ選ヒ(け)勅諭衍義《ちょくゆえんぎ》ヲ著述発行セシメ、本大臣之ヲ検定シテ教科書トナシ、倫理修身《りんりしゅうしん》ノ正課ニ充《あ》テントス

蓋《けだ》シ道徳ノ国民ニ欠クヘカラサル猶ホ塩ノ肉ニ於ケルニ異ナラス。塩アレハ肉全《まった》ク、道徳ナカリセハ国民存セス。則《すなわ》チ道徳ハ国民ノ塩ナリ。此レ我カ(へ)皇上陛下ノ(け)聖念ヲ徳教ニ軫《しん》セラル、所以《ゆえん》ナリ。茲《ここ》ニ別紙(け)勅諭草案及其発表ノ方案等ニ就《つ》キ、謹《つつしん》テ閣議ヲ請フ。

明治二十三年九月廿六日

文部大臣芳川顕正　〔朱印〕文部大臣之印

内閣総理大臣伯爵山県有朋殿

（2）「勅語案」（訂正前を二重線で、訂正後は右側に示します）

勅~~諭~~語案

朕惟フニ我カ皇祖皇宗国ヲ肇ムルコト宏遠ニ徳ヲ樹ツルコト深厚ナリ我カ臣民~~亦~~克ク忠ニ克
精華　育ノ淵源
ク孝ニ億兆心ヲ一ニシテ世~~〃~~々厥ノ美ヲ済セルハ此レ我カ国体ノ~~粋美~~ニシテ教~~養ノ道~~亦実ニ此ニ
存
~~淵源~~ス爾臣民~~祖先ニ継述シ~~父母ニ孝ニ兄弟ニ友ニ夫婦相和キ朋友相信シ恭倹己レヲ持シ博愛衆
ニ及ホシ学ヲ修メ業ヲ習ヒ以テ智能ヲ啓発シ徳器ヲ成就シ進テ公益ヲ広メ世務ヲ開キ常ニ国憲
一旦緩急
ヲ重シ国法ニ遵ヒ~~緩急事~~アレハ義勇公ニ奉シ以テ天壌無窮ノ皇運ヲ扶翼スヘシ是ノ如キハ独リ
爾祖先　風　顕彰
朕カ忠良ノ臣民タルノミナラス又以テ~~皇祖皇宗~~ノ遺~~烈~~ヲ~~宣揚~~スルニ足ラン
皇祖皇宗
斯ノ道ハ実ニ我カ~~祖宗~~ノ遺訓ニシテ子孫臣民ノ倶ニ遵守スヘキ所之ヲ古今ニ通シテ謬ラ
咸其徳ヲ一ニセ
ス之ヲ中外ニ施シテ悖ラサルヘシ朕爾臣民ト倶ニ拳々服膺シテ~~終始惟レ一ナラ~~ンコトヲ庶幾フ

(3)「徳教ニ関スル勅語ノ件」

〔付箋紙〕十月二十四日裁可（廿五日浄書上奏）

可〔天皇の可の印〕

徳教ニ関スル勅語ノ件

右謹テ裁可ヲ仰ク

明治廿三年十月二十日

内閣総理大臣伯爵山県有朋〔花押〕

【写真147ページ参照】

（4）「勅語発布手続」

勅語発布手続

一　高等師範学校へ車駕《しやが》親臨シ勅語ヲ降《くだ》シ給フ。文部大臣之ヲ奉シ、訓令ヲ全国ニ頒布シ普《あまね》ク衆庶《しゆうしよ》ニ示ス。

一　勅語案ハ別ニ具《そな》フ。

（5）勅語案

勅語案

（略）之ヲ古今ニ通シテ謬ラス之ヲ中外ニ施シテ悖ラ~~サルヘシ~~ス（略）

御名御璽

〔付箋紙〕軍人ヘノ勅諭ト同一ノ体ニテ別ニ文部大臣等ノ副署ナシ

（6）「文部大臣提出徳教ニ関スル勅諭宣

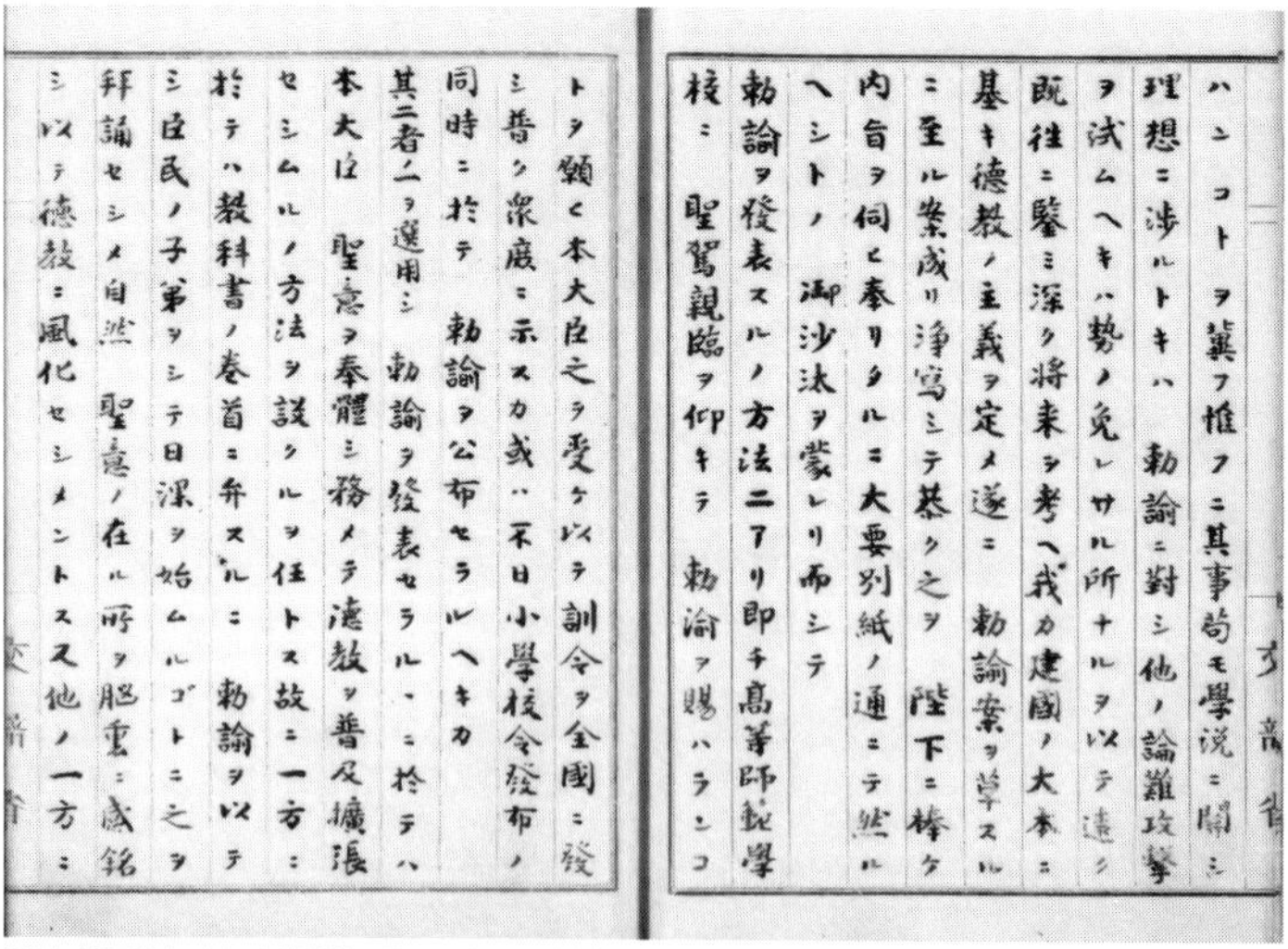

ハンコトヲ冀フ惟フニ其事苟モ學説ニ關シ
理想ニ渉ルトキハ　勅諭ニ對シ他ノ論難攻撃
ヲ試ムヘキハ勢ノ免レサル所ナルヲ以テ遠ク
既往ニ鑒ミ深ク将来ヲ考ヘ我カ建國ノ大本ニ
基キ徳教ノ主義ヲ定メ遂ニ　勅諭案ヲ草スル
ニ至ル案成リ浄寫シテ恭ク之ヲ　陛下ニ捧ケ
内旨ヲ伺ヒ奉リタルニ大要別紙ノ通ニテ然ル
ヘシトノ　御沙汰ヲ蒙レリ而シテ
勅諭ヲ發表スルノ方法ニアリ即チ高等師範學
校ニ　聖駕親臨ヲ仰キテ　勅諭ヲ賜ハランコ
トヲ願ヒ本大臣之ヲ受ケ以テ訓令ヲ全國ニ發
シ普ク衆庶ニ示スカ或ハ不日小學校令發布ノ
同時ニ於テ　勅諭ヲ公布セラルヘキカ
其二者ニ一ヲ選用シ　勅諭ヲ發表セラル、ニ於テハ
本大臣　聖意ヲ奉體シ務メテ徳教ヲ普及擴張
セシムルノ方法ヲ設クルヲ任トス故ニ一方ニ
於テハ教科書ノ巻首ニ弁スルニ　勅諭ヲ以テ
シ臣民ノ子弟ヲシテ日課ヲ始ムルゴトニ之ヲ
拜誦セシメ自然　聖意ノ在ル所ヲ脳裏ニ感銘
シ以テ徳教ニ風化セシメンコトス又他ノ一方ニ

「闕字」「平出」の例　(1)「徳教に関スル勅諭ノ議」（国立公文書館蔵）より
「勅諭」「陛下」などの語の前に一字空きや改行を入れて敬意を示す。

布ノ議」鑑《かがみ》及び要点

文甲　四七

〔鑑の印刷書式〕明治廿三年九月二十六日　内閣書記官

内閣総理大臣〔花押〕　内閣書記官長

外務大臣　大蔵大臣〔朱印〕　海軍大臣〔朱印〕　文部大臣〔花押〕　逓信大臣

内務大臣〔朱印〕　陸軍大臣〔朱印〕　司法大臣〔朱印〕　農商務大臣〔花押〕　大木議長〔花押〕

文部大臣提出徳教ニ関スル㊁勅諭宣布ノ議

右其要点ハ

一勅諭案

右発表ノ方法ハ

第一ハ高等師範学校ニ聖駕《せいが》親臨《しんりん》シ勅諭ヲ文部大臣ニ授ケ給ヒ、文部大臣訓令ヲ全国ニ発スルコト。

第二ハ小学校令発布ノ同時ニ勅諭ヲ公布セラル、コト。

（7）「勅語発布手続改正」

勅語発布手続左《ひだり》ノ通《とおり》改正

明治二十三年十月三十日宮中ヘ内閣総理大臣文部大臣召サセラレ、教育ニ関シ親《したし》ク本書ノ勅語御渡シ在ラセラル。

但勅語ハ金罫紙《きんけいし》ニ書シ、黒塗御紋付箱《くろぬりごもんつきばこ》軍人勅諭ヲ入ル函ト同一ノモノ、ニ入ル。

❺ 一八九〇（明治二三）年一〇月三一日　文部省訓令第八号

教育勅語が文部大臣の芳川顕正に渡されたことを受けて『官報』に掲載された文書です。（1）北海道庁と府県に教育勅語の謄本と文部大臣訓令を各学校に交付する訓令、（2）同じく直轄学校に文部省自らが交付する訓令、（3）別紙としての教育勅語、（4）文部大臣芳川顕正の名義の訓令という四つの文書によって構成されていますので、小見出しを加えて掲載します。各学校に教育勅語の謄本を配付して、学校儀式で読みあげて説明するように伝えています。『官報』第二二〇三号、一八九〇年一〇月三一日より。

【117ページ参照】

（1）北海道庁と府県に文部大臣が出した訓令

文部省訓令第八号

北海道庁　府県

今般教育ニ関シ㋬勅語ヲ下シタマヒタルニ付、其謄本《そのとうほん》ヲ分《わか》チ本大臣ノ訓示ヲ発ス。管内公私立学校へ各一通ヲ交付シ、能《よ》ク㋬聖意ノ在ル処ヲシテ貫徹セシムヘシ。

明治二十三年十月三十一日　　文部大臣　芳川顕正

（2）直轄学校に文部大臣が出した訓令

文部省訓令

直轄学校

今般教育ニ関シ㋬勅語ヲ下シタマヒタルニ付、其謄本及《および》本大臣ノ訓示各一通ヲ交付ス。能ク㋬聖意ノ在ル処ヲシテ貫徹セシムヘシ。

明治二十三年十月三十一日　　文部大臣　芳川顕正

（3）（1）と（2）の別紙として添付された教育勅語

（略）

（4）文部大臣の訓示

訓　示

謹《つつしん》テ惟《おも》フニ、我カ㋬天皇陛下深ク臣民ノ教育ニ軫念《しんねん》シタマヒ、茲《ここ》ニ恭《かたじけな》ク㋬勅語ヲ下タシタマフ。顕正《あきまさ》職ヲ文部ニ奉シ躬《み》重任ヲ荷《にな》ヒ、日夕省思《にっせきせいし》シテ嚮《むか》フ所ヲ愆《あやま》ランコトヲ恐ル。

今㋬勅語ヲ奉承《ほうしょう》シテ感奮《かんぷん》措《お》ク能《あた》ハス。謹テ㋬勅語ノ謄本ヲ作リ、普《あまね》ク之ヲ全国ノ学校ニ頒《わか》ツ。

凡《およ》ソ教育ノ職ニ在ル者、須《すべか》ク常ニ聖意ヲ奉体シテ研磨薫陶《けんまくんとう》ノ務《つとめ》ヲ怠ラサルヘク、殊《こと》ニ学校ノ式日及《および》其他便宜日時ヲ定メ、生徒ヲ会集シテ㋬勅語ヲ奉読シ、且《かつ》意ヲ加ヘテ諄々誨告《じゅんじゅんかいこく》シ、生徒ヲシテ夙夜《しゅくや》ニ佩服《はいふく》スル所アラシムヘシ。

明治二十三年十月三十一日　文部大臣　芳川顕正

❻ 一八九一（明治二四）年六月一七日「小学校祝日大祭日儀式規程」文部省令第四号

教育勅語を受けて学校儀式を整備した文部省令です。「御真影《ごしんえい》」に最敬礼して、教育勅語を読み上げて説明し、また唱歌を子どもたちが歌うことになりました。【156ページ参照】

小学校祝日大祭日儀式規程

第一条　紀元節《きげんせつ》、天長節《てんちょうせつ》、元始祭《げんしさい》、神嘗祭《かんなめさい》及新嘗祭《にいなめさい》ノ日ニ於テハ学校長、教員及生徒一同式場ニ参集シテ左ノ儀式ヲ行フヘシ

一　学校長教員及生徒㋬天皇陛下及《および》㋬皇后陛下ノ㋘御影《ぎょえい》ニ対シ奉リ最敬礼ヲ行ヒ且《かつ》㋬両陛下ノ万歳ヲ奉祝ス

但《ただし》未《いま》タ㋘御影《ぎょえい》ヲ拝戴《はいたい》セサル学校ニ於テハ本文前段ノ式ヲ省《はぶ》ク

二　学校長若《も》シクハ教員、教育ニ関スル㋘勅語ヲ奉読ス

三　学校長若クハ教員、恭《うやうや》シク教育ニ関スル㋘勅語ニ基キ㋘聖意ノ在ル所ヲ誨告《かいこく》シ又ハ㋬歴代天皇ノ㋘盛徳《せいとく》㋘鴻業《こうぎょう》ヲ叙《じょ》シ若クハ祝日大祭日ノ由来ヲ叙スル等其祝日大祭日ニ相応スル演説ヲ為シ忠君愛国ノ志気ヲ涵養《かんよう》センコトヲ務《つと》ム

四　学校長、教員及生徒、其祝日大祭日ニ相応スル唱歌ヲ合唱ス

第二条　孝明天皇祭、春季皇霊祭、神武天皇祭及秋季皇霊祭ノ日ニ於テハ学校長、教員及生徒一同式場ニ参集シテ第一条第三款《かん》及第四款ノ儀式ヲ行フヘシ

第三条　一月一日ニ於テハ学校長、教員及生徒一同式場ニ参集シテ第一条第一款及第四款ノ儀式ヲ行フヘシ

第四条　第一条ニ掲クル祝日大祭日ニ於テハ便宜ニ従ヒ学校長及教員、生徒ヲ率ヰテ体操場ニ臨ミ若クハ野外ニ出テ遊戯体操ヲ行フ等生徒ノ心情ヲシテ快活ナラシメンコトヲ務ムヘシ

第五条　市町村長其他学事ニ関係アル市町村吏員ハ成ルヘク祝日大祭日ノ儀式ニ列スヘシ

第六条　式場ノ都合ヲ計リ生徒ノ父母親戚及其他市町村住民ヲシテ祝日大祭日ノ儀式ヲ参観スルコトヲ得セシムヘシ

第七条　祝日大祭日ニ於テ生徒ニ茶菓《さか》又ハ教育上ニ裨益《ひえき》アル絵画等ヲ与フルハ妨ナシ

第八条　祝日大祭日ノ儀式ニ関スル次第等ハ府県知事之ヲ規定スヘシ

❼ 一九〇八（明治四一）年一〇月一三日「戊申詔書」

一九〇八（明治四一）年は戊申《ぼしん》（つちのえさる）の年にあたって、日露戦争後（本文中の「戦後」）の個人主義や社会主義などの台頭に対抗して、桂太郎内閣の提起で出されたものです。冒頭では「東西相倚リ」と二〇世紀はじめの国際協調の状況を述べて、「忠実」や「勤倹」、自律性を意味する「自彊」という堅実な臣民の姿勢を求めています。

国政上の詔書として出されたので、内閣総理大臣の副署をつけて『官報』に公示されました。「神聖ナル祖宗ノ遺訓」とあるように教育勅語を前提にしてそれを補完する位置づけになっており、学校に謄本が渡されました。

詔　書

朕《ちん》惟《おも》フニ方今《ほうこん》人文《じんぶん》日《ひ》ニ就《な》リ月《つき》ニ将《すす》ミ東西《とうざい》相倚《あいよ》リ彼此《ひし》相済《あいな》シ以《もつ》テ其《そ》ノ福利《ふくり》ヲ共《とも》ニス。朕《ちん》ハ爰《ここ》ニ益々《ますます》国交《こくこう》ヲ修《おさ》メ友義《ゆうぎ》ヲ惇《あつう》シ列国《れつこく》ト与《とも》ニ永《なが》ク其《そ》ノ慶《けい》ニ頼《よ》ラムコトヲ期《き》ス。顧《かえり》ミルニ日進《にっしん》ノ大勢《たいせい》ニ伴《ともな》ヒ文明《ぶんめい》ノ恵沢《けいたく》ヲ共《とも》ニセムトスル固《もと》ヨリ内国運《うちこくうん》ノ発展《はってん》ニ須《ま》ツ。戦後《せんご》日《ひ》尚《なお》浅《あさ》ク庶政《しょせい》益々《ますます》更張《こうちょう》ヲ要《よう》ス。宜《よろし》ク上下《しょうか》心《こころ》ヲ一《いつ》ニシ忠実業《ちゅうじつぎょう》ニ服《ふく》シ勤倹産《きんけんさん》ヲ治《おさ》メ惟《こ》レ信《しん》惟《こ》レ義《ぎ》醇厚俗《じゅんこうぞく》ヲ成《な》シ華《か》ヲ去《さ》リ実《じつ》ニ就《つ》キ荒怠《こうたい》相誡《あいいまし》メ自彊《じきょう》息《や》マサルヘシ。

抑々《そもそも》我《わ》カ神聖《しんせい》ナル祖宗《そそう》ノ遺訓《いくん》ト我《わ》カ光輝《こうき》アル国史《こくし》ノ成跡《せいせき》トハ炳《へい》トシテ日星《じっせい》ノ如《ごと》シ。寔《まこと》ニ克《よ》ク恪守《かくしゅ》シ淬礪《さいれい》ノ誠《まこと》ヲ輸《いた》サハ国運発展《こくうんはってん》ノ本《もと》近《ちか》ク斯《ここ》ニ在《あ》リ。朕《ちん》ハ方今《ほうこん》ノ世局《せいきょく》ニ処《しょ》シ我《わ》カ忠良《ちゅうりょう》ナル臣民《しんみん》ノ協翼《きようよく》ニ倚藉《いしや》シテ維新《いしん》ノ皇猷《こうゆう》ヲ恢弘《かいこう》シ祖宗《そそう》ノ威徳《いとく》ヲ対揚《たいよう》セムコトヲ庶幾《こいねが》フ。爾臣民《なんじしんみん》其《そ》レ克《よ》ク朕《ちん》カ旨《むね》ヲ体《たい》セヨ。

御名御璽

明治四十一年十月十三日

内閣総理大臣　侯爵　桂太郎

❽ 一九二三（大正一二）年一一月一〇日「国民精神作興ニ関スル詔書」

第一次世界大戦後に大正デモクラシーの風潮を踏まえて、関東大震災（文中の「災変」「災禍」）ののち、山本権兵衛内閣の提起でつくられました。「国民精神」は国民道徳と同じく大正期の教育勅語にもとづく道徳のあり方です。教育勅語を踏まえた「皇祖皇宗ノ遺訓」や❼の戊申詔書で強調された「忠実勤倹」が引用されて、それらを補完する位置づけであることがわかります。

大正デモクラシーの様子について、文化的爛熟《らんじゅく》を「浮華放縦《ふかほうしょう》ノ習」、政治的自由さを「軽佻詭《けいちょうき》激《げき》ノ風」と述べて批判しています。また国の根本を意味する「国本《こくほん》」という用語を使っている点も特色です。国政上の詔書として出されたので、内閣総理大臣と全大臣の副署をつけて『官報』に公示されました。大正天皇のほか、摂政（のちの昭和天皇）も署名しています。教育勅語を補完する位置づけで戊申詔書と併せて「三大詔勅」と呼ばれ、学校に謄本が渡されました。

詔書

朕《ちん》惟《おも》フニ国家《こくか》興隆《こうりゅう》ノ本《もと》ハ國民精神《こくみんせいしん》ノ剛健《ごうけん》ニ在《あ》リ。之《これ》ヲ涵養《かんよう》シ之《これ》ヲ振作《しんさく》シテ以《もっ》テ国本《こくほん》ヲ固《かた》クセサルヘカラス。是《これ》ヲ以《もっ》テ先帝《せんてい》意《い》ヲ教育《きょういく》ニ留《とど》メサセラレ国体《こくたい》ニ基《もとづ》キ淵源《えんげん》ニ遡《さかのぼ》リ皇祖《こうそ》皇宗《こうそう》ノ遺訓《いくん》ヲ掲《かか》ケテ其《そ》ノ大綱《たいこう》ヲ昭示《しょうじ》シタマヒ後《のち》又《また》臣民《しんみん》ニ 詔《みことのり》シテ忠実勤倹《ちゅうじつきんけん》ヲ勧《すす》メ信義《しんぎ》ノ訓《おしえ》ヲ申《かさ》ネテ荒怠《こうたい》ノ誡《いましめ》ヲ垂《た》レタマヘリ。是《こ》レ皆道徳《みなどうとく》ヲ尊重《そんちょう》シテ国民精神《こくみんせいしん》ヲ涵養振作《かんようしんさく》スル所以《ゆえん》ノ洪謨《こうぼ》ニ非《あら》サルナシ。爾《じ》来趨向一定《らいすうこういってい》シテ効果《こうか》大《おおい》ニ著《あらわ》レ以《もっ》テ国家《こくか》ノ興隆《りゅうせい》ヲ致《いた》セリ。朕即位《ちんそくい》以来《いらい》夙夜《しゅくや》兢兢《きょうきょう》トシテ常《つね》ニ紹《しょう》述《じゅつ》ヲ思《おも》ヒシニ俄《にわか》ニ災変《さいへん》ニ遭《あ》ヒテ憂悚《ゆうしょう》交々至《こもごもいた》レリ。

輓近学術益々開《ばんきんがくじゅつますますひら》ケ人智《じんち》日《ひ》ニ進《すす》ム。然《しか》レトモ浮華放縦《ふかほうしょう》ノ習《ならい》漸《ようや》ク萠《きざ》シ軽佻《けいちょう》詭激《きげき》ノ風《ふう》モ亦《また》生《しょう》ス。今《いま》ニ及《およ》ヒテ時弊《じへい》ヲ革《あらた》メスムハ或《あるい》ハ前緒《ぜんしょ》ヲ失墜《しっつい》セムコトヲ恐《おそ》ル。況《いわん》ヤ今次《こんじ》ノ災禍《さいか》甚《はなは》タ大《だい》ニシテ文《ぶん》化《か》ノ紹復国力《しょうふくこくりょく》ノ振興《しんこう》ハ皆国民《みなこくみん》ノ精神《せいしん》ニ待《ま》ツヲヤ是《こ》レ実《じつ》ニ上下《しょうか》協戮《きょうりく》振作更張《しんさくこうちょう》ノ時《とき》ナリ。振作更《しんさくこう》張《ちょう》ノ道《みち》ハ他《ほか》ナシ。先帝《せんてい》ノ聖訓《せいくん》ニ恪遵《かくじゅん》シテ其《そ》ノ実効《じっこう》ヲ挙《あ》クルニ在《あ》ルノミ。宜《よろし》ク教育《きょういく》ノ淵源《えんげん》ヲ崇《たっと》ヒテ智徳《ちとく》ノ並進《へいしん》ヲ努《つと》メ綱紀《こうき》ヲ粛正《しゅくせい》シ風俗《ふうぞく》ヲ匡励《きょうれい》シ浮華放縦《ふかほうしょう》ヲ斥《しりぞ》ケテ質実剛健《しつじつごうけん》ニ趨《おもむ》キ軽佻《けいちょう》詭激《きげき》ヲ矯《た》メテ醇厚中正《じゅんこうちゅうせい》ニ帰《き》シ人倫《じんりん》ヲ明《あきらか》ニシテ親和《しんわ》ヲ致《いた》シ公徳《こうとく》ヲ守《まも》リテ秩序《ちつじょ》ヲ保《たも》チ責任《せきにん》ヲ重《おもん》シ節制《せっせい》ヲ尚《たっと》ヒ忠孝《ちゅうこう》義勇《ぎゆう》ノ美《び》ヲ揚《あ》ケ博愛共存《はくあいきょうぞん》ノ誼《ぎ》ヲ篤《あつ》クシ入《い》リテハ恭倹勤敏業《きょうけんきんびんぎょう》ニ服《ふく》シ産《さん》ヲ治《おさ》メ出《い》テテハ一己《いっこ》ノ利害《りがい》ニ偏《へん》セスシテ力《ちから》ヲ公益世務《こうえきせいむ》ニ竭《つく》シ以《もっ》テ国家《こくか》ノ興隆《こうりゅう》ト民族《みんぞく》ノ安栄社会《あんえいしゃかい》ノ福祉《ふくし》トヲ図《はか》ルヘシ。朕《ちん》ハ臣民《しんみん》ノ協翼《きょうよく》ニ頼《よ》リテ彌々国本《いよいよこくほん》ヲ固《かた》クシ以《もっ》テ大業《たいぎょう》ヲ恢弘《かいこう》セムコトヲ冀《こいねが》フ。爾臣民《なんじしんみん》其《そ》レ之《これ》ヲ勉《つと》メヨ。

御名御璽

摂政名

大正十二年十一月十日

内閣総理大臣　伯爵　山本権兵衛

〔以下、大臣官職爵位氏名省略〕

❾ 一九三九（昭和一四）年五月二二日「青少年学徒ニ賜ハリタル勅語」

日中戦争下に平沼騏一郎《きいちろう》内閣の提起で作られた勅語です。勅語として出されたので、副署がないかたちで『官報』に公示されました。❽の「国民精神作興ニ関スル詔書」で登場した「国本《こくほん》」というキーワードで始まり、臣民一般ではなく「青少年学徒」に呼びかけている点が特徴です。

「青少年学徒」とは、幼稚園の幼児から大学の学生まで広く含む言葉だと、『聖訓ノ述義ニ関スル協議会報告』では説明されています。日本の古典研究を重視した日本精神論に符合する「古今ノ史実」という言葉も記されています。

この勅語が出された五月二二日は、「陸軍現役将校学校配属十五周年記念事業」が天皇が出席して皇居前広場でおこなわれる日でした。一九三五（昭和一〇）年に制度化された、授業時間数の少ない軍事訓練重視の青年学校が、この一九三九年から十九歳までの男子に義務制となるタイミングでもありました。「三大詔勅」と併せて「四大詔勅」と呼ばれ、学校に謄本が渡されました。

国本《こくほん》ニ培《つちか》ヒ国力《こくりょく》ヲ養《やしな》ヒ以《もっ》テ国家隆昌《こくかりゅうしょう》ノ気運《きうん》ヲ永世《えいせい》ニ維持《いじ》セムトスル任《にん》タル極《きわ》メテ重《おも》ク道《みち》タル甚《はなは》タ遠《とお》シ。而《しか》シテ其《そ》ノ任実《にんじつ》ニ繋《かか》リテ汝等《なんじら》青少年学徒《せいしょうねんがくと》ノ双肩《そうけん》ニ在《あ》リ。汝等《なんじら》其《そ》レ気節《きせつ》ヲ尚《たっと》ビ廉恥《れんち》ヲ重《おも》ンジ古今《ここん》ノ史実《しじつ》ニ稽《かんが》ヘ中外《ちゅうがい》ノ事勢《じせい》ニ鑑《かんが》ミ其《そ》ノ思索《しさく》ヲ精《せい》ニシ其《そ》ノ識見《しきけん》ヲ長《ちょう》ジ執《と》ル所中《ところちゅう》ヲ失《うしな》ハズ嚮《むか》フ所正《ところせい》ヲ謬《あやま》ラズ各《おのおの》其《そ》ノ本分《ほんぶん》ヲ恪守《かくしゅ》シ文《ぶん》ヲ修《おさ》メ武《ぶ》ヲ練《ね》リ質実剛健《しつじつごうけん》ノ気風《きふう》ヲ振励《しんれい》シ以《もっ》テ負荷《ふか》ノ大任《たいにん》ヲ全《まった》クセムコトヲ期《き》セヨ。

⑩ 一九四〇（昭和一五）年二月刊行『聖訓ノ述義ニ関スル協議会報告』

教育勅語と「青少年学徒ニ賜ハリタル勅語」の解釈を目的として、文部省は代表的な学者を集めた「聖訓ノ述義ニ関スル協議会」を設置して、一九三九（昭和一四）年に七回の会議を開催しています。結論は、文部省図書局編『聖訓ノ述義ニ関スル協議会報告』に記されますが、この報告書自体は秘扱いとされ、同時代には限定された範囲しか公開されていません。

しかし、この解釈をもとに国定教科書の見直しがおこなわれ、第五期国定教科書の教師用書に解釈が示されるなど、戦時下の教育勅語解釈に大きな影響を与えます。本書では第1部でもこの解釈を紹介しました。ここでは、報告書冒頭に掲載された教育勅語の現代語訳と語句解釈を掲載します。

教育に関する勅語の全文通釈

朕がおもふに、我が御先祖の方々が国をお肇《はじ》めになつたことは極めて広遠であり、徳をお立てになつたことは極めて深く厚くあらせられ、又、我が臣民はよく忠にはげみよく孝をつくし、国中のすべての者が皆心を一にして代々美風をつくりあげて来た。これは我が国柄の精髄であつて、教育の基づくところもまた実にこゝにある。汝臣民は、父母に孝行をつくし、兄弟姉妹仲よくし、夫婦互いに睦《むつ》び合ひ、朋友互に信義を以て交り、へりくだつて気随気儘《きずいきまま》の振舞をせず、人々に対して慈愛を及すやうにし、学問を修め業務を習つて知識才能を養ひ、善良有為の人物となり、進んで公共の利益を広め世のためになる仕事をおこし、常に皇室典範並びに憲法を始め諸々の法令を尊重遵守し、万一危急の大事が起つたならば、大義に基づいて勇気をふるひ一身を捧げて皇室国家の為につくせ。かくして神勅のまにゝゝ天地と共に窮りなき宝祚《あまつひつぎ》の御栄をたすけ奉れ。かやうにすることは、たゞに朕に対して忠良な臣民であるばかりでなく、それがとりもなほさず、汝らの祖先ののこした美風をはつきりあらはすことになる。

こゝに示した道は、実に我が御祖先のおのこしになつた御訓であつて、皇祖皇宗の子孫たる者及び臣民たる者が共々にしたがひ守るべきところである。この道は古今を貫ぬいて永久に間違がなく、又我が国はもとより外国でとり用ひても正しい道である。朕は汝臣民と一緒にこの道を大切に守つて、皆この道を体得実践することを切に望む。

勅語の語句釈義

朕　天皇の御自称である。
皇祖皇宗　天皇の御先祖の方々。
肇　創開の義。
宏遠　宏は広大、遠は遠大である。
樹　立である。
億兆　衆多の臣民を指す。
厥　其である。
済　成である。
「此レ」「皇祖皇宗」以下「世々厥ノ美ヲ済セルハ」までを指す。
国体　国柄の義。
精華　精髄に同じく純且《かつ》美なる実質をいふ。
淵源　基づく所の義。
恭倹　恭はつゝしむこと、倹は心をひきしめること。
「持シ」　執り守る義。
「及ホシ」　近より遠にひろめる義である。
「智能ヲ啓発シ」　知識才能を進めること。
「徳器ヲ成就シ」　徳のある有為の人となること。
世務　世上有用の業務である。
国憲　国の根本法の義。
国法　広く国の法令を指す。
緩急　危急変乱をいふ。
義勇　義にかなつた勇気。
「公ニ奉シ」　皇室国家の為に尽くすことである。
天壌無窮　天地と共に窮りない義。
「皇運ヲ扶翼ス」宝祚《ほうそ》の御栄《みさか》えを輔《たす》け奉ることである。
顕彰　あらはすこと。
「斯ノ道」　前節を通じてお示しになつた皇国の道であつて、直接には「父母ニ孝ニ」以下「天壌無窮ノ皇運ヲ扶翼スヘシ」までを指す。
子孫　皇祖皇宗の御子孫である。
古今　過去及び現在である。
中外　我が国及び外国である。
悖　逆である。
拳々服膺　拳々は捧持《ほうじ》の貌《かたち》、服膺とは胸に着ける義である。拳々服膺とは、両手で物を大切に持つて胸に着けるやうに遵守するをいふ。
咸　皆である。
「其徳ヲ一ニセン」　この道を体得して同じく身につけようとの意である。
「庶幾フ」　冀《ねが》ひ望むの義。

勅語の述義につき主なる問題に関する決定事項

一、勅語の全文は、「顕彰スルニ足ラン」までと「斯ノ道ハ」よりとの二節から成ると解し奉る。述義の便宜上、第一節を二段に分ち、或は更に細分することも差支へないが、いきなり「勅語を三段に分つて拝誦すれば」等とある教科書の表現は考慮を要する。

二、「朕惟フニ」は荘重なる発句と解し奉る。随つて、特別にどこまでかゝるというやうに考へることは不適当である。

三、「深厚ナリ」の所に於ては、文章として切れないものと解し奉る。

四、「皇祖皇宗」は一語として取扱ひ、天照大神を始め皇室の御先祖の方々を指し奉るものと拝察する。

五、「国体ノ精華」は、「皇祖皇宗国ヲ肇ムルコト宏遠ニ」以下「世々厥ノ美ヲ済セルハ」までを含むと解し奉る。精華は精髄といふに同じく、純且美なる実質をいふ。

六、「一旦緩急アレハ」の「アレハ」は「あつたときには」の意である。

七、「子孫臣民」については、「天皇の子孫臣民」と拝することも出来るが、尚研究を要する。

八、「徳ヲ一ニセン」については「咸有一徳」の一徳ではないものと解し奉る。

⑪ 一九四六（昭和二一）年一〇月八日「勅語及詔書の取扱について」文部次官通牒発秘三号

教育勅語を儀式で読まないように求めつつ、回収せずに保管するように指示した通牒です。文部次官から直轄学校や地方長官にむけて秘密扱いの連絡文書として出されたものです。この通牒によって教育勅語を中心にした学校儀式や授業は中止となりますが、教育勅語謄本は学校に保管されたままとなり、⑭⑮の衆参両院の決議や⑯の通牒まで回収が延びました。文部大臣官房総務課『終戦教育事務処理提要』一九五〇年より。【198ページ参照】

勅語及詔書等の取扱について　昭和二十一年十月八日　発秘三号　直轄学校長、公私立大学高等専門学校長、地方長官へ　文部次官通牒

教育勅語及《および》詔書等の取扱について

標記の件に関して往々《おうおう》疑義をもつ向《むき》もあるから左記の通り御了知《ごりょうち》の上御処置相成《あいな》り度《た》い。

一、教育勅語を以て我が国教育の唯一の淵源となす従来の考へ方を去つて、これと共に教育の淵源を広く古今東西の倫理、哲学、宗教等にも求むる態度を採るべきこと

一、式日等に於て従来教育勅語を奉読することを慣例としたが、今後は之を読まないことにすること

一、勅語及詔書の謄本等は今後も引続き学校に於て保管すべきものであるが、その保管及奉

読に当つては之を神格化するやうな取扱をしないこと

⓬ 一九四六（昭和二一）年一一月三日「日本国憲法」

大日本帝国憲法の改正条項に基づいた全部改正として一九四六（昭和二一）年一一月三日に公布され、翌年五月三日に施行された憲法です。全部改正ではあっても、主権在民や基本的人権や平和主義といった原則に反する法令や詔勅は無効となりました。これは教育勅語等が憲法上で無効となったことを意味しています。ここでは前文とともに、天皇の規定の第一条と最高法規の規定を収録しました。

〔前文〕

日本国民は、正当に選挙された国会における代表者を通じて行動し、われらとわれらの子孫のために、諸国民との協和による成果と、わが国全土にわたつて自由のもたらす恵沢を確保し、政府の行為によつて再び戦争の惨禍が起ることのないやうにすることを決意し、ここに主権が国民に存することを宣言し、この憲法を確定する。そもそも国政は、国民の厳粛な信託によるものであつて、その権威は国民に由来し、その権力は国民の代表者がこれを行使し、その福利は国民がこれを享受する。これは人類普遍の原理であり、この憲法は、かかる原理に基くものである。われらは、これに反する一切の憲法、法令及び詔勅を排除する。

日本国民は、恒久の平和を念願し、人間相互の関係を支配する崇高な理想を深く自覚するのであつて、平和を愛する諸国民の公正と信義に信頼して、われらの安全と生存を保持しようと決意した。われらは、平和を維持し、専制と隷従、圧迫と偏狭を地上から永遠に除去しようと努めてゐる国際社会において、名誉ある地位を占めたいと思ふ。われらは、全世界の国民が、ひとしく恐怖と欠乏から免《まぬ》かれ、平和のうちに生存する権利を有することを確認する。

われらは、いづれの国家も、自国のことのみに専念して他国を無視してはならないのであつて、政治道徳の法則は、普遍的なものであり、この法則に従ふことは、自国の主権を維持し、他国と対等関係に立たうとする各国の責務であると信ずる。

日本国民は、国家の名誉にかけ、全力をあげてこの崇高な理想と目的を達成することを誓ふ。

第一章　天皇

第一条　天皇は、日本国の象徴であり日本国民統合の象徴であつて、この地位は、主権の存する日本国民の総意に基く。

（略）

第十章　最高法規

第九十七条　この憲法が日本国民に保障する基本的人権は、人類の多年にわたる自由獲得の努力の成果であつて、これらの権利は、過去幾多の試錬に堪《た》へ、現在及び将来の国民に対し、侵すことのできない永久の権利として信託されたものである。

第九十八条　この憲法は、国の最高法規であつて、その条規に反する法律、命令、詔勅及び国務に関するその他の行為の全部又は一部は、その効力を有しない。

（略）

第九十九条　天皇又は摂政及び国務大臣、国会議員、裁判官その他の公務員は、この憲法を尊重し擁護する義務を負ふ。

（略）

⓭ 一九四七（昭和二二）年三月三一日「教育基本法」

大日本帝国憲法を日本国憲法に改めることと並行して、教育についての基本原則を定める法律が教育刷新委員会で議論されて、学校教育法とともに制定されました。

この教育基本法は学校教育や社会教育など全般をカバーする基本法として、天皇の著作としての教育勅語に代わる国民の総意としての法律の形態で定められた点に特徴があります。その内容は、日本国憲法の主権在民、基本的人権、平和主義という原則を教育の力で実現しようとするものです。

また日本国憲法の定める学問の自由を前提として、個人の尊厳を中心とした理念の提示にとどめ、個別の徳目等を示していないところに特徴があります。ここでは「個人の尊厳」などの理念を示した前文、教育の目的を人格の完成として示した第一条、学問の自由をあらゆる機会と場所の教育で学問の自由を尊重して教育をすること示した第二条を抜粋しました。【199ページ参照】

われらは、さきに、日本国憲法を確定し、民主的で文化的な国家を建設して、世界の平和と人類の福祉に貢献しようとする決意を示した。この理想の実現は、根本において教育の力にまつべきものである。

われらは、個人の尊厳を重んじ、真理と平和を希求する人間の育成を期するとともに、普遍的にしてしかも個性ゆたかな文化の創造をめざす教育を普及徹底しなければならない。

ここに、日本国憲法の精神に則り、教育の目的を明示して、新しい日本の教育の基本を確立するため、この法律を制定する。

第一条

（教育の目的）教育は、人格の完成をめざし、平和的な国家及び社会の形成者として、真理と正義を愛し、個人の価値をたっとび、勤労と責任を重んじ、自主的精神に充ちた心身ともに健康な国民の育成を期して行われなければならない。

第二条

（教育の方針）教育の目的は、あらゆる機会に、あらゆる場所において実現されなければならない。この目的を達成するためには、学問の自由を尊重し、実際生活に即し、自発的精神を養い、自他の敬愛と協力によつて、文化の創造と発展に貢献するように努めなければならない。

（以下省略）

⑭ 一九四八（昭和二三）年六月一九日「教育勅語等排除に関する決議」衆議院決議

日本国憲法下の第二回議会での衆議院で、教育勅語や軍人勅諭などが民主主義や平和主義を精神とする日本国憲法に反するものとして、学校から謄本の回収して教育勅語などの排除を求めたものです。六月一九日の衆議院本会議で議決した決議です。【201ページ参照】

民主平和国家として世界史的建設途上にあるわが国の現実は、その精神内容において未だ決定的な民主化を確認するを得ないのは遺憾である。これが徹底に最も緊要なことは教育基本法に則り、教育の革新と振興とをはかることにある。しかるに既に過去の文書となつている教育勅語並びに陸海軍軍人に賜《たまわ》りたる勅諭その他の教育に関する諸詔勅が、今日もなお国民道徳の指導原理としての性格を持続しているかの如く誤解されるのは、従来の行政上の措置が不十分であつたがためである。

思うに、これらの詔勅の根本理念が主権在君並びに神話的国体観に基いている事実は、明かに基本的人権を損い、且つ国際信義に対して疑点を残すもととなる。よつて憲法第九十八条の本旨に従い、ここに衆議院は院議を以て、これらの詔勅を排除し、その指導原理的性格を認めないことを宣言する。政府は直ちにこれらの詔勅の謄本を回収し、排除の措置を完了すべきである。

右決議する

⓯ 一九四八（昭和二三）年六月一九日「教育勅語等の失効確認に関する決議」参議院決議

日本国憲法下の第二回議会の参議院で、教育勅語などが日本国憲法のもとで失効しているとして、謄本の回収を求めたものです。衆議院決議と比べると、教育勅語がすでに「失効」しているという表現を用いたことが特徴です。衆議院と同じく六月一九日に、参議院本会議で議決した決議です。

われらは、さきに日本国憲法の人類普遍の原理に則り、教育基本法を制定して、わが国家及びわが民族を中心とする教育の誤りを徹底的に払拭し、真理と平和とを希求する人間を育成する民主主義的教育理念をおごそかに宣明した。その結果として、教育勅語は、軍人に賜はりたる勅諭、戊申詔書、青少年学徒に賜はりたる勅語その他の諸詔勅とともに、既に廃止せられその効力を失つている。

しかし教育勅語等が、あるいは従来の如き効力を今日なお保有するかの疑いを懐く者あるをおもんばかりわれらはとくに、それらが既に効力を失つている事実を明確にするとともに、政府をして教育勅語その他の諸詔勅の謄本をもれなく回収せしめる。
われらはここに、教育の真の権威の確立と国民道徳の振興のために、全国民が一致して教育基本法の明示する新教育理念の普及徹底に努力を致すべきことを期する。

右決議する。

⓰ 一九四八（昭和二三）年六月二五日「教育勅語等の取扱について」文部次官通牒発秘七号

六月一九日の衆参両院の国会決議をもとに、⓫の一九四六年の通牒によって保管されたままになっている教育勅語などの謄本の回収を指示した通牒です。文部次官から直轄学校や地方長官にむけて秘密扱いの連絡文書として出されたものです。⓮と⓯の決議二点が別紙として掲載されています。文部大臣官房総務課『終戦教育事務処理提要』一九五〇年より。【202ページ参照】

教育勅語等の取扱について　昭和二十三年六月二十五日　発秘七号　都道府県知事へ文部次官通牒

「教育ニ関スル勅語」その他の勅語、詔勅等の取扱に関しては、昭和二十一年十月八日附発秘三号をもつて通ちよう《ママ》したが、今般衆、参両院において別紙のような決議がなされたから、その趣旨徹底について遺憾のないよう万全を期せられたい。

なお、本省から交付した「教育ニ関スル勅語」等の謄本で貴管下学校等において保管中のものを貴職において取りまとめのうえ、左記様式による返還書を添え、至急本省へ返還方《へんかんかた》処置されたい。

右以外の勅語、詔書等についても前記決議の趣旨に則り適当な処置を講ぜられたい。（以下省略）

⑰ 一九六五（昭和四〇）年一一月「期待される人間像（草案）」

一九六三（昭和三八）年六月二四日に文部大臣より中央教育審議会に「後期中等教育の拡充整備について」とあわせて「期待される人間像」を審議することが諮問されました。中央教育審議会は、まず一九六五年一月一一日付で「中間草案」を発表しました。

しかし「せよ」「あれ」「なれ」という命令形が目立ち、国家から道徳を命令することに世論の強い反発を受けて、命令形などを修正して本答申を一九六六（昭和四一）年一〇月三一日に発表しました。経済的な発展のもとで高等学校教育が普及していくこの時期、新たな道徳教育の標準として示されたものですが、愛国心、天皇への敬愛などを強調した点に特徴があります。

主査となった高坂正顕が自分が起草者だと公言して、個人著作の様相を呈しました。これは教育勅語起草者が示した配慮にさえ欠けたものです。文部省は「期待される人間像」の部分をパンフレットにして配付を続けましたが、実際の道徳教育では活用しがたいものでした。

ここでは『文部時報』（一九六五年一月号）に掲載され、命令口調で反発された「期待される人間像」の「中間草案」から、教育勅語と関連の深い天皇への敬愛と愛国心に関する部分を掲載します。確定した答申本文は、文部科学省のウェブページで閲覧できます。【208ページ参照】

期待される人間像（中間草案）
序論　当面する日本人の課題
一　人間像の分裂と第一の要請（略）第一の要請──人間性を高めつつ、人間力を開発せよ（略）
二　民族性の忘却と第二の要請（略）第二の要請──世界に開かれた日本人であれ（略）
三　民主主義の未成熟と第三の要請（略）第三の要請──健全な民主主義を樹立せよ（略）
四　日本人の象徴（略）
その際注意するべき一つのことがある。それは、それぞれの国はみなその国の使命あるいは本質を示す象徴をもち、それに敬意を払い、その意義を実現しようと努力しているという事実である。世界の国々が互いに国旗に対して敬意を払い、自国の国旗を大切にするのもそのためである。それは互いの国々の伝統と使命に敬意を払い、自国の伝統と使命を尊重するからである。

われわれは日本の象徴として日本の象徴として国旗をもち、国歌を歌い、また**天皇を敬愛してきた**。それは日本人が日本を愛し、その使命に対して敬意を払うことと別ではなかった。天皇は日本国の象徴であり、日本国民統合の象徴である。われわれは祖国日本を敬愛することが、**天皇を敬愛すること**と一つであることを深く考えるべきである。（略）

本論　期待される人間像（略）

第一章　個人として

一　自由であれ（略）二　個性を伸ばせ（略）三　正しく自己を愛する人となれ（略）四　頼もしい人となれ（略）五　建設的な人間であれ（略）六　幸福な人間であれ（略）

第二章　家庭人として

一　家庭を愛の場とせよ（略）二　開かれた家庭であれ（略）三　家庭をいこいの場とせよ（略）四　家庭を教育の場とせよ（略）

第三章　社会人として

一　仕事に打ち込む人となれ（略）二　機械を支配する人となれ（略）三　大衆文化、消費文化におぼれるな（略）四　社会規範、社会秩序を重んじる人となれ（略）

第四章　日本人として

一　**正しく日本を愛する人となれ**

今日世界において国家を構成し国家に所属しないいかなる個人もなく、民族もない。国家は世界において最も有機的であり、強力な集団である。個人の幸福も安全も国家によるところがきわめて多い。世界人類に寄与する道も国家を通じて開かれているのが普通である。国家を正しく愛することが国家に対する忠誠であり、ひいては人類を正しく愛することに通じることを知らなければならない。

自国を正しく愛するとは、自国の価値をいっそう高めようとする心がけであり、その努力である。自国の存在に無関心であり、その価値の向上に努めずましてその価値を無視しその存在を破壊しようとする者は、自国を憎むものであり、ひいては人類を憎むものである。われわれは日本を正しく愛さなければならない。

二　心豊かな日本人であれ（略）　三　美しい日本人であれ（略）　四　たくましい日本人であれ（略）　五　風格ある日本人となれ（以下省略）

⑱ 二〇〇六（平成一八）年一二月二二日「教育基本法」

日本国憲法とともに戦後改革の指針となった教育基本法については、戦後教育への批判として見直し論が政府関係者から語られることがありましたが、長いあいだ、活用されていました。

しかし二〇〇〇（平成一二）年に教育改革国民会議が置かれて教育基本法の改正を提起し、国会の審議を経て法律全体を改める全部改正という手法で教育基本法の改正がおこなわれました。

審議では従来の教育基本法の意義を訴え、伝統や愛国心を強調する改正への批判をする教育関係者の意見も強く、旧教育基本法の文言が多く残されています。また論争の焦点となった、愛国心などの表現には、他国の尊重などの対句がつけられてバランスが取られています。

教育基本法全体が倍以上の分量になり、第一条に「資質」という言葉を加えて、第二条を「教育の方針」から「教育の目標」に改めて全五号で列記するなど、徳目を列記して箇条書きで示す書き方となりました。⓮と同じく、ここでは第二条までを掲載します。【210ページ参照】

我々日本国民は、たゆまぬ努力によって築いてきた民主的で文化的な国家を更に発展させるとともに、世界の平和と人類の福祉の向上に貢献することを願うものである。

我々は、この理想を実現するため、個人の尊厳を重んじ、真理と正義を希求し、公共の精神を尊び、豊かな人間性と創造性を備えた人間の育成を期するとともに、伝統を継承し、新しい文化の創造を目指す教育を推進する。

ここに、我々は、日本国憲法の精神にのっとり、我が国の未来を切り拓く教育の基本を確立し、その振興を図るため、この法律を制定する。

第一章　教育の目的及び理念

（教育の目的）

第一条　教育は、人格の完成を目指し、平和で民主的な国家及び社会の形成者として必要な**資質**を備えた心身ともに健康な国民の育成を期して行われなければならない。

（教育の目標）

第二条　教育は、その目的を実現するため、学問の自由を尊重しつつ、次に掲げる目標を達成するよう行われるものとする。
一　幅広い知識と教養を身に付け、真理を求める態度を養い、豊かな情操と道徳心を培うとともに、健やかな身体を養うこと。
二　個人の価値を尊重して、その能力を伸ばし、創造性を培い、自主及び自律の精神を養うとともに、職業及び生活との関連を重視し、勤労を重んずる態度を養うこと。
三　正義と責任、男女の平等、自他の敬愛と協力を重んずるとともに、公共の精神に基づき、主体的に社会の形成に参画し、その発展に寄与する態度を養うこと。
四　生命を尊び、自然を大切にし、環境の保全に寄与する態度を養うこと。
五　伝統と文化を尊重し、それらをはぐくんできた我が国と郷土を愛するとともに、他国を尊重し、国際社会の平和と発展に寄与する態度を養うこと。（以下省略）

⑲ 二〇一七（平成二九）年三月三一日「中学校学習指導要領」（「特別の教科　道徳」の内容項目より）

小中学校の「道徳の時間」を改めて、数値等の評価は行わないが教科書を用いる「特別の教科」として位置づけることが、二〇一五（平成二七）年三月二七日に学校教育法施行規則や学習指導要領の一部改正などとして告示されました。

これが二〇一八（平成三〇）年度から小学校で、翌年度から中学校で「特別の教科である道徳」として実施されます。ここでは最新の告示内容から収録します。

「道徳の時間」の段階から、徳目に相当する「内容項目」は、箇条書きで列記されていましたが、この内容を小中学校で毎年度もらさず、くりかえし教えられることが定められており、徳目としては徹底されていることがわかります。なお内容項目は、小学校一～二年、三～四年、五～六年と中学校全学年と四段階で定められていますが、ここでは、中学校学習指導要領の内容項目を収録します。【210ページ参照】

第3章 特別の教科 道徳

第2 内容

学校の教育活動全体を通じて行う道徳教育の要である道徳科においては、以下に示す項目について扱う。

A 主として自分自身に関すること

［自主、自律、自由と責任］（略）［節度、節制］（略）［向上心、個性の伸長］（略）［希望と勇気、克己と強い意志］（略）［真理の探究、創造］（略）

B 主として人との関わりに関すること

［思いやり、感謝］（略）［礼儀］（略）［友情、信頼］（略）［相互理解、寛容］（略）

C 主として集団や社会との関わりに関すること

［遵法精神、公徳心］ 法やきまりの意義を理解し、それらを進んで守るとともに、そのよりよ

い在り方について考え、自他の権利を大切にし、義務を果たして、規律ある安定した社会の実現に努めること。

［公正、公平、社会正義］正義と公正さを重んじ、誰に対しても公平に接し、差別や偏見のない社会の実現に努めること。

［社会参画、公共の精神］社会参画の意識と社会連帯の自覚を高め、公共の精神をもってよりよい社会の実現に努めること。

［勤労］勤労の尊さや意義を理解し、将来の生き方について考えを深め、勤労を通じて社会に貢献すること。

［家族愛、家庭生活の充実］父母、祖父母を敬愛し、家族の一員としての自覚をもって充実した家庭生活を築くこと。

［よりよい学校生活、集団生活の充実］教師や学校の人々を敬愛し、学級や学校の一員としての自覚をもち、協力し合ってよりよい校風をつくるとともに、様々な集団の意義や集団の中での自分の役割と責任を自覚して集団生活の充実に努めること。

［郷土の伝統と文化の尊重、郷土を愛する態度］郷土の伝統と文化を大切にし、社会に尽くした先人や高齢者に尊敬の念を深め、地域社会の一員としての自覚をもって郷土を愛し、進んで郷土の発展に努めること。

［我が国の伝統と文化の尊重、国を愛する態度］優れた伝統の継承と新しい文化の創造に貢献

するとともに、日本人としての自覚をもって国を愛し、国家及び社会の形成者として、その発展に努めること。

［国際理解、国際貢献］世界の中の日本人としての自覚をもち、他国を尊重し、国際的視野に立って、世界の平和と人類の発展に寄与すること。

D 主として生命や自然、崇高なものとの関わりに関すること
［生命の尊さ］生命の尊さについて、その連続性や有限性なども含めて理解し、かけがえのない生命を尊重すること。

［自然愛護］自然の崇高さを知り、自然環境を大切にすることの意義を理解し、進んで自然の愛護に努めること。

［感動、畏敬の念］美しいものや気高いものに感動する心をもち、人間の力を超えたものに対する畏敬の念を深めること。

［よりよく生きる喜び］人間には自らの弱さや醜さを克服する強さや気高く生きようとする心があることを理解し、人間として生きることに喜びを見いだすこと。（以下省略）

⑳ 二〇一七（平成二九）年三月三一日「教育勅語の根本理念に関する質問書」と「答弁書」

現職の閣僚による教育勅語を肯定する発言などが相次いだことから、衆参両院決議との矛盾を指摘する質問主意書が衆議院議員から内閣に提出され、その回答について注目が集まりました。

衆参両院では同趣旨の国会質疑や質問主意書が多く出されました。

内閣の「憲法や教育基本法等に反しないような形で教育に関する勅語を教材として用いることまでは否定されることではない」とする回答は、歴史上の事項として教えるという意味だけではなく、同時期に注目を集めた道徳教育の教材として肯定的に教えるという危惧がありました。このため、教育史学会等が批判の声明を出すなどの動きにつながりました。【212ページ参照】

(1) 質問主意書

平成二十九年三月二十一日提出　質問第一四四号　教育勅語の根本理念に関する質問主意書

提出者　初鹿明博《はつしかあきひろ》

教育勅語の根本理念に関する質問主意書

教育ニ関スル勅語（以下、教育勅語と言う）は終戦後、昭和二十三年六月十九日に、衆議院で「教育勅語等排除に関する決議」が、参議院で「教育勅語等の失効確認に関する決議」が決議され、国権の最高機関である国会によって、教育の指導原理性が否定されました。

この事実を踏まえて、以下政府に質問します。

一　衆議院の排除決議において、教育勅語の根本理念が「主権在君並びに神話的国体観に基いている事実は、明かに基本的人権を損い、且つ国際信義に対して疑点を残すもととなる」として、この排除と指導原理的性格を認めないことが宣言されています。政府は教育勅語の根本理念が「主権在君」並びに「神話的国体観」に基づいているという決議の考えを現在も踏襲しているのでしょうか。

二　（略）

三　衆参の決議を徹底するために、教育勅語本文を学校教育で使用することを禁止すべきだと考えますが、政府の見解を伺います。

四　（略）

五　（略）

（2）答弁書

平成二十九年三月三十一日受領　答弁第一四四号　内閣衆質一九三第一四四号

平成二十九年三月三十一日

内閣総理大臣　安倍晋三

衆議院議長　大島理森《ただもり》　殿

衆議院議員初鹿明博君提出教育勅語の根本理念に関する質問に対し、別紙答弁書を送付する。

衆議院議員初鹿明博君提出教育勅語の根本理念に関する質問に対する答弁書

一について

お尋ねの「決議の考えを現在も踏襲している」の意味するところが必ずしも明らかではないが、御指摘の「教育勅語等排除に関する決議」は、「教育勅語……その他の教育に関する諸詔勅……の根本理念が主権在君並びに神話的国体観に基いている事実は、明かに基本的人権を損い、且つ国際信義に対して疑点を残すもととなる。よつて憲法第九十八条の本旨に従い、ここに衆議院は院議を以て、これらの詔勅を排除し、その指導原理的性格を認めない」ことを宣言したと承知しているが、教育に関する勅語については、昭和二十三年六月十九日の衆議院本会議において、森戸文部大臣（当時）が「教育勅語その他の詔勅に対しましては、教育上の指導原理たる性格を否定してきたのであります。このことは、新憲法の制定、それに基く教育基本法並びに学校教育法の制定によつて、法制上明確にされました」と答弁しているとおりであると考えている。

二について（略）

三について

お尋ねの「禁止」の具体的に意味するところが必ずしも明らかではないが、学校において、教育に関する勅語を我が国の教育の唯一の根本とするような指導を行うことは不適切であると考えているが、憲法や教育基本法（平成十八年法律第百二十号）等に反しないような形で教育に関する勅語を教材として用いることまでは否定されることではないと考えている。

四及び五について（略）

あとがき

本書を刊行するきっかけは、第三部の最後の資料にある、二〇一七（平成二九）年の「教育に関する勅語を教材として用いることまでは否定されることではない」という閣議決定でした。教育勅語を暗唱させた幼稚園が注目されて、戦前のように教育勅語を学校で教えるようになるのではないかという危惧を持った人たちもいました。

実際には、危惧された動きにはならなかったのですが、その理由には、もともと社会科や日本史では教育勅語を戦前の教育を象徴するものとして教材にしていたし、数多くの歴史研究が発表されていたことがあります。教育史学会がこの閣議決定について理事会声明を発表して、シンポジウムを開催し、私もその理事の一人として報告しました。その場で聴いてくれた太郎次郎社エディタスの須田正晴さんの提案があって、何度も相談を続けて、蒼史社の櫻井隆一さんの校閲協力を受けて、本書ができあがったのです。

本書を読んだ人は、教育勅語についてどんな感想をもたれたでしょうか。

教育勅語について「批判的すぎる」という感想をお持ちになったとしたら、それはまちがいではありません。私は、主権在民、基本的人権、平和主義という日本国憲法の基本原則を尊重することが教育のあり方を豊かにすると考えていますので、教育勅語の書かれているとおりに行って現在の教育が良くなるとは思っていないからです。

逆に教育勅語に対して「評価が高すぎる」という感想をお持ちになったとしても、また、まちがいではありません。時代の思想を象徴した文章は、古典として尊重されるという考えを持っています。教育勅語を、いわば古典として重視したことが、『くわしすぎる教育勅語』という本書の基本的なモチーフと言えるでしょう。『源氏物語』や『平家物語』という古典の世界観にひたっても、現実に貴族として遊んで暮らせると思ったり、武士として斬りあおうとは思ったりはしません。古典としての教材は、それと異なる自分自身の現在のあり方を豊かにするものだと思います。

それとも一つの本書の感想が、「くわしすぎる」だったら、筆者としてこれほどうれしいことはありません。私は学生時代から教育勅語を研究してきて、教育勅語を学校で習った多くの方々から体験談をうかがいました。暗誦できる高齢者も、本書で示したような教育勅語の現代語訳や解釈は、初めて聞いたという人が多くいました。だから、教育勅語の本文を研究しても意味がないのだと結論することもできるでしょう。しかし、私は、だからこそあらゆる世代の人たちが、あらためて教育勅語の謎に迫るためにもくわしく考える意義があると思っています。

歴史を考え、古典を学ぶことは、それによって現在の自分自身や未来の社会のあり方を考える材料にすることだと思います。本書を読みとおした方々に何か役立つ発見があれば、幸いです。

二〇一八（平成三〇）年一一月三日　日本国憲法公布の七二年目に　高橋陽一

著者紹介

高橋陽一（たかはし・よういち）

1963年生まれ。武蔵野美術大学教授。教育史学会・日本教育史学会理事（2019年現在）。専攻は日本教育史（国学・宗教教育）。著書に『新しい教育通義』、『美術と福祉とワークショップ』（武蔵野美術大学出版局）、『共通教化と教育勅語』（東京大学出版会）など。共著に『道徳科教育講義』（武蔵野美術大学出版局）、『戦時下学問の統制と動員』（東京大学出版会）、『教育勅語の何が問題か』（教育史学会編、岩波ブックレット）、『徹底検証　教育勅語と日本社会』（岩波書店）など。

図版提供：国立国会図書館、国立公文書館、東京大学文書館、ほかは著者研究室「家鴨文庫」より

くわしすぎる教育勅語

二〇一九年一月二五日　初版印刷
二〇一九年二月二〇日　初版発行

著者　高橋陽一

装幀　松田行正＋杉本聖士

発行所　太郎次郎社エディタス
東京都文京区本郷三－四－三－八階
郵便番号　一一三－〇〇三三
電話　〇三－三八一五－〇六〇五
ファックス　〇三－三八一五－〇六九八

印刷・製本　三松堂株式会社

ISBN 978-4-8118-0832-1 C0036

太郎次郎社エディタスの本

遠山啓　行動する数楽者の思想と仕事

友兼清治 編著

水道方式と量の体系、数学教育の現代化、障害児の原教科教育、競争原理批判……。数学者・教育者・思想家にして教育運動の実践者。その仕事の全貌を本人の著述とともに描きだす。「遠山啓著作集」の編集者がまとめた初の評伝。

3000円＋税

共生の社会学　ナショナリズム、ケア、世代、社会意識

岡本智周・丹治恭子 編著

なぜ、共生しなければならないのか。日本社会において共生は、どのように捉えられているのか。われわれは問題状況にどうかかわりうるのか。いまもっともアクチュアルな4つの論題から読み解く。社会的カテゴリの更新へ。

2500円＋税

あたらしい憲法草案のはなし

自民党の憲法草案を爆発的にひろめる有志連合 著

「国民が国家をしばる約束」から「国家と国民が協力してつくる『公の秩序』」へ。草案の提案する憲法観の大転換を、起草者たちの論理と願望にぴったりとよりそって語る。長谷部恭男さん、上野千鶴子さんほか推薦続々。

741円＋税